저자 소개

글 사회평론 역사연구소

오랫동안 어린이 교육과 역사 콘텐츠를 연구한 전문가들이 모여, 우리 아이들이 쉽고 재미있게 공부할 수 있는 책을 만들고 있어요. 《용선생의 시끌벅적 한국사》, 《용선생 교과서 한국사》, 《용선생 처음 세계사》, 《교양으로 읽는 용선생 세계사》 등을 쓰고 펴냈어요.

김형겸 | 사회평론 역사연구소 연구원

고려대학교 역사교육과를 졸업하고, 초등학교, 중학교 아이들에게 역사를 가르쳤어요.

김선빈

고려대학교 국어국문학과를 졸업하고, 국어·사회과, 역사와 관련된 다양한 교육 프로그램과 콘텐츠를 개발했어요.

김선혜

고려대학교 사학과를 졸업하고, 여러 회사에서 콘텐츠 매니저, 기획 업무를 담당했습니다. 누구나 쉽고 재밌게 읽을 수 있는 역사책을 쓰는 것이 꿈입니다.

그림 김지희

만화가이자 일러스트레이터예요. 출판 작업으로 《하이브로 학습도감-해적앵무》를 시작으로 《난생 처음 한번 공부하는 미술이야기》의 삽화와 《용선생의 시끌벅적 과학교실》의 삽화를 담당했어요.

그림 전성연

그래픽 디자인을 전공하고 직장을 다니며 일러스트 작업 활동을 하고 있어요.

자문·감수 전명윤

아시아 여행/문화 전문가예요. 《인도 네팔 100배 즐기기》, 《중국 100배 즐기기》(이하 RHK코리아), 《프렌즈 베이징》, 《프렌즈 홍콩》(이하 중앙북스) 등 다양한 여행 서적을 썼어요. 여러 매체에 기고와 방송 출연, 기업체 강연을 진행하고 있어요.

캐릭터 이우일

홍익대학교에서 시각디자인을 공부했어요. 《우일우화》, 《고양이 카프카의 고백》, 《용선생의 시끌벅적 한국사》, 《교양으로 읽는 용선생 세계사》 등을 그렸어요.

용선생이 간다

세계 문화 여행 · 1

글 사회평론 역사연구소 | 그림 김지희, 전성연 | 자문·감수 전명윤 | 캐릭터 이우일

 중국

사회평론

차례

1일 베이징

장하다, 자금성에서 길을 잃다! 11

용선생의 스페셜 가이드
세상의 중심을 꿈꾸는 중국 파헤치기! 22

2일 베이징, 시안

왕수재, 만리장성 성벽을 따라 걷다! 25

용선생의 스페셜 가이드
세계에서 가장 큰 건축물, 만리장성 34

3일 시안

허영심, 병마용과 셀카를 찍다! 37

용선생의 스페셜 가이드
진시황제와 진시황릉 자세히 살펴보기! 46

4일 청두

나선애, 청두에서 쓰촨 요리를 맛보다! 49

용선생의 스페셜 가이드
군침이 꿀꺽! 다양한 중국 요리 60

5일 리장

곽두기, 케이블카를 타고 만년설을 보다! 63

용선생의 스페셜 가이드
중국에 이렇게 다양한 민족이? 70

6일 충칭

왕수재, 충칭에서 불가마 더위를 체험하다! 73

용선생의 스페셜 가이드
중국 최대의 하천, 양쯔강 80

7일 항저우

장하다, 자전거를 타고 항저우를 여행하다! 83

용선생의 스페셜 가이드
차 없이는 못 사는 중국 사람들 90

8일 상하이

나선애, 상하이 꼭대기에 오르다! 93

용선생의 스페셜 가이드
중국은 어떻게 강대국이 되었을까? 100

9일 상하이

곽두기, 물 위에 있는 마을을 찾아가다! 103

용선생의 스페셜 가이드
중국의 재미난 문화 알아보기! 110

10일 홍콩

허영심, 홍콩을 한눈에 내려다보다! 113

용선생의 스페셜 가이드
유럽의 흔적이 남은 중국의 도시들 120

| 퀴즈로 정리하는 중국 124 | 정 답 126 |

용선생
천재적인 가이드!
처음 가보는 중국!
걱정되니?
이 용선생만 믿고
따라오렴~!

나선애
일정 짜기의 달인!!
우아, 갈 곳이
너무 너무 많아!
다들 부지런히
움직여야 해!

장하다
먹방 전문!
중국에 맛있는 음식이
그렇게 많다며?
모두 먹어봐야지!

허영심
여행지 수색꾼!
중국엔 예쁘고
아름다운 곳이 많대!
내가 다 찾아 버릴 거야!

왕수재
중국어는 내가 최고!
흠흠, 번역기보다도
내 중국어가 훨씬
정확하다고~!

곽두기
순간 포착 전문가!
형, 누나들,
조금 이상한 사진이
찍히더라도
이해해 줘~!

나도 같이 여행할 거야!
꼭꼭 숨어 있는 나를 찾아봐!

♥ 여행 4일째 청두에서

간단한 인사말 정도는
중국어로 하는 게 좋겠지?
중국어로 "안녕하세요."는
"니하오(你好)."

토막 회화
한마디!

기념품점에서 물건을 살 때
"이건 얼마예요?"는
"쩌거뚸샤오첸(这个多少钱)?"

장하다, 자금성에서 길을 잃다!

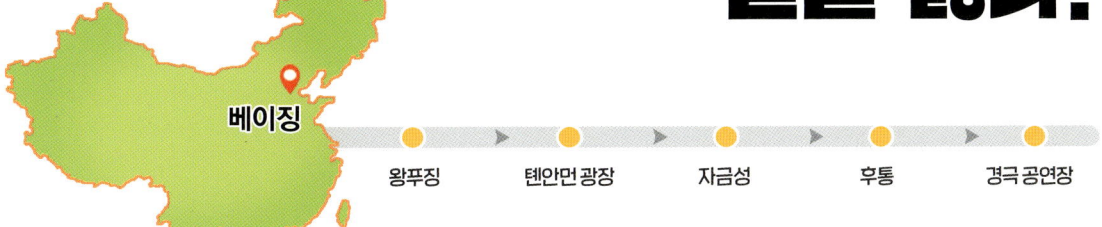

베이징 → 왕푸징 → 톈안먼 광장 → 자금성 → 후통 → 경극 공연장

중국의 수도, 베이징

비행기를 타고 두 시간 만에 중국의 수도 베이징에 도착했어.

고작 두 시간이라니, 엄청 가깝잖아?

근데 공항을 나오니, 가까운 나라라 하기엔 우리나라와 분위기가 너무 달랐어.

한자투성이 간판과 쉴 새 없이 들려오는 중국어에 우리가 정말 외국에 왔구나 싶더라.

베이징의 번화가, 왕푸징

특이한 먹거리로 유명한 왕푸징

한 시간쯤 택시를 타고 '왕푸징'이란 곳에 도착했어. 선생님이 그러는데, 왕푸징은 베이징에서 사람이 가장 많이 모이는 곳이래. 말씀대로 거리엔 사람들이 가득했고, 화려한 쇼핑센터가 줄줄이 서 있었지.

"꺄아, 저기 걸린 옷 너무 예쁘다!"

영심이 눈이 이때만큼 반짝거리는 걸 본 적이 없었어.

아니, 근데 이게 무슨 냄새야?

선생님, 저쪽에서 맛있는 냄새가 나요. 빨리 밥부터 먹으러 가자고요!

 왕푸징이 무슨 뜻이에요? ▶ 명나라, 청나라 때 왕족들이 이곳 근처에 많이 모여 살았는데, 이때 이곳에 있던 우물 이름이야. 실제로 왕푸징에 가면 옛 우물 자리를 표시해둔 기념물도 있어!

베이징의 중심, 톈안먼 광장

맛있게 점심을 먹고 부른 배를 두드리며 걸었어.
길 건너편으로 엄청나게 넓은 광장이 보였지.
"어라? 저 광장 책에서 봤어요. 베이징에 오면 꼭 들러야 하는 곳이죠."
수재 녀석이 잘난 척을 하며 걸음을 빨리했어. 광장은 우리처럼 여행 온 관광객으로 엄청나게 북적거렸어. 그래서 대체 여기가 어디지?
"여기는 톈안먼 광장이야. 중국의 주요 역사적 사건이 일어났던 광장이지."

톈안먼 광장
베이징 자금성 톈안먼 앞에 있는 커다란 광장이야. 항상 수많은 관광객이 방문하는 곳이지. 중국의 국가적인 행사는 거의 이곳에서 열린다고 해.

저 사람은 누구지?

훗, 톈안먼 광장은 세계에서 가장 크다고!

와, 진짜 크다!

톈안먼 광장은 얼마나 커요?
▶ 톈안먼 광장은 가로 500미터, 세로 880미터 정도 된단다. 광화문 광장보다 무려 20배나 넓지.

"그런데 저기 빨간 문에 걸린 사진이요, 누구 사진이에요?"

선애가 손가락으로 건너편을 가리켰어.

문 위에는 어떤 아저씨 사진이 커다랗게 붙어 있었지.

"저 사람은 마오쩌둥이야. 오늘날의 중국을 만든 사람이란다."

선생님께서는 마오쩌둥이 많은 중국 사람들에게

존경을 받는다고도 하셨어.

아하, 그래서 어디서든 잘 보이게

큰 사진을 붙여둔 거구나?

마오쩌둥(1893년~1976년)

와, 끝이 안 보여!

아야!

마오쩌둥은 무슨 일을 했어요?

▶ 마오쩌둥은 중국 공산당을 만들고 이끈 사람이야. 1949년, 오늘날의 중국 (중화인민공화국)을 세웠지.

📍 거대한 궁전 **자금성**

매표소 앞에 사람들이 길게 줄을 선 게 보였어. 여기는 아주 거대한 궁궐이래!
"자금성은 아주 넓으니까 길 잃어버리지 않게 조심해!"
선애가 입장권을 나누어 주며 신신당부했어. 헤헤, 걱정 말라고!
여러 개의 문을 지나고 나니 웅장한 건물이 보였어.
지붕은 황금빛으로 반짝거리고, 계단에는 용이 금방 꿈틀거릴 것처럼 새겨져 있었지. 너무 멋있어서 나도 모르게 입이 쩍 벌어졌어.

자금성
베이징에 있는 궁궐이야. 명나라, 청나라 스물네 명의 황제가 이곳에 살며 나랏일을 돌보았대.

오로지 황제만 다닐 수 있는 길이어서 돌이 다르단다!

어우, 다리 아파… 왜 이렇게 넓은 거야?

우와—

여기만 왜 돌이 다른 거지?

자금성은 얼마나 넓어요?
▶ 동서로는 753미터, 남북으로는 961미터 정도야. 우리나라 경복궁보다 1.5배 정도 넓지. 전체 건물 수는 약 980채, 방의 개수는 약 8,707개로 하나의 도시처럼 넓단다.

"자금성은 중국 황제가 살던 곳이야. 자, 이제 곳곳을 둘러볼까?"
자금성은 무척 넓어서 다 보려면 서둘러 움직여야 한대.
자금성에서 가장 큰 건물로 들어가니 번쩍번쩍 금으로 된 큰 의자가 있었지.
황제가 앉았던 의자라는데, 보기만 해도 화려하고 위엄이 느껴졌어.
으윽, 그런데 갑자기 배가 아프네. 잠깐 화장실에 다녀와야겠어!

자금성은 무슨 뜻이에요?

▶ 자금성의 '자'는 밤하늘의 북극성을 의미하는 '자미원'에서 따온 글자야. 중국인들은 온 우주가 자미원을 중심으로 움직인다고 생각했기 때문에 황제의 거처에 '자'를 붙였어. '금'은 궁궐의 출입을 '금한다'는 뜻으로 붙인 글자지.

개운한 기분으로 화장실을 나오는데 선생님과 친구들이 보이질 않았어!

선생님~ 얘들아, 너희들 어디에 있니? 설마 나만 두고 간 건 아니지?

얼굴이 새하얗게 된 채로 한참 이곳저곳을 다녔지만 너무 넓고 사람이 많아서 좀처럼 찾을 수가 없지 뭐야?

한참을 헤매다 출구 쪽에서 선생님을 겨우 만났어.

흑흑, 너희도 여행을 가면 길을 잃지 않게 조심해!

박물관으로 쓰이는 궁궐 내부

선생님, 얘들아! 대체 여기가 어디지?

자금성의 볼거리는 또 뭐가 있나요?

▶ 황제가 없는 오늘날의 자금성은 성 전체가 '국립고궁박물원'이라는 박물관으로 쓰이고 있어. 그림, 도자기 등 황실 유품을 전시 중이지.

수백 년의 역사를 간직한 골목 후통

자금성을 본 뒤, 선생님은 모퉁이를 돌아 좁은 회색빛 골목으로 우리를 데려갔어.
낡은 집과 가게가 다닥다닥 붙어 있고, 빨래를 너는 아주머니가 보였지.
선생님 말씀으로는 이런 골목을 '후통'이라고 하는데, 무려 수백 년 전에 생겨났대.
베이징에는 이런 '후통'이 아주 많다더라고!
널찍한 찻길과 빌딩 사이에 이렇게 옛 모습을 간직한 골목이 있다니,
정말 신기하더라. 그나저나 한참 동네 구경을
하다 보니 금세 배가 고파졌어. 꼬르륵~

베이징 뒷골목, 후통의 풍경

 후통에 가면 뭘 할 수 있나요?

▶ 후통은 베이징 사람들의 삶을 가장 잘 엿볼 수 있는 곳이야. 인력거를 타고 꼬불꼬불 길고 복잡한 골목을 둘러보거나, 곳곳에 차려진 찻집에서 잠시 쉬어갈 수도 있지!

베이징 대표 요리 카오야

저녁을 먹으러 예약해 놓은 식당에 갔어. 오늘은 베이징의 대표 요리를 먹을 거래!
조금 뒤 맛있는 냄새가 나는 오리구이가 나왔어. 이름은 카오야!
갈색빛이 도는 게 아주 먹음직해 보였지. 우물우물. 아~~ 너무 맛있어!
"장하다! 그러다가 너 혼자 다 먹겠다!"

베이징 오리구이, 카오야

카오야는 어떻게 먹어요?

▶ 얇은 밀전병에 구운 오리 껍질과 채소를 얹고, 소스를 살짝 끼얹은 다음 싸 먹어. 바삭한 껍질을 먼저 먹고 살코기는 나중에 먹지.

📍 중국 전통 연극 경극

저녁을 먹고 **경극**을 보러 왔어! 경극은 **중국 전통 연극**인데, 주로 **중국 역사나 옛날 책에 나오는 유명한 이야기**를 다룬대. 화려한 의상에 짙은 화장을 한 배우들이 무대에 올랐지. 배우들은 반주에 맞춰 노래를 부르고 춤을 추었어. 그런데…….
중국어를 몰라서 하나도 알아들을 수 없었지 뭐람.
힝. 그래도 손뼉은 열심히 쳤다고!

공연 중인 경극 배우

와, 이게 그 유명한 패왕별희구나!

으이구, 장하다~ 얼른 일어나!

드르렁~

인간의 삶은 무상하여~ 봄날의~ 꿈과 같고~

❓ 지금 보는 경극은 무슨 내용이에요?
▶ 초나라 항우와 그의 연인 우희의 마지막 이별을 그린 <패왕별희>야. 항우는 훗날 한나라를 세운 유방에게 패해 우희와 죽음을 맞이했지.

용선생의 스페셜 가이드

세상의 중심을 꿈꾸는 중국 파헤치기!

중국은 오랫동안 아시아 전역에 큰 영향을 미친 나라야.
우리가 쓰는 한자도 중국에서 탄생했고, 불교도 중국을 통해 전해졌지.
중국은 오늘날에는 아시아를 넘어 전 세계에 큰 영향을 미치고 있어.
중국이 어떤 나라인지 조금 더 자세하게 살펴보자!

 중국은 어디에 있나요?

중국은 **유라시아 대륙 동쪽 끝, 아시아의 중심부에 자리 잡은 나라**야. 중국은 한반도를 포함해 여러 나라와 국경을 접하고 있는데, 북쪽으로 몽골과 러시아, 서쪽으로는 카자흐스탄을 비롯한 중앙아시아 나라들, 남서쪽으로는 인도, 남쪽으로는 베트남 등의 동남아시아 국가들과 만나고 있지.

중국은 아시아 여러 나라들과 교류하며 발전된 기술과 문화를 퍼트렸어. 그래서 중국 사람들은 오랜 옛날부터 중국이 '세상의 중심'이라고 생각했대. 이런 걸 **'중화사상'**이라고 해.

중국은 얼마나 커요?

중국은 **세계에서 네 번째로 국토가 넓은 나라**야.
우리가 사는 한반도보다 무려 약 43배나 크단다.
국토가 워낙 넓어서 지역별로 기후와 자연환경이 무척 다양해.
몽골과 맞닿은 북부 지역은 타클라마칸 사막과 고비 사막이 있을 정도로 무척 건조해. 국토 중심부에는 황허강을 따라 드넓은 내륙 평원이 펼쳐지고, 남쪽으로 더 내려가면 세계에서 두 번째로 긴 양쯔강이 나오지. 서쪽에는 높고 험준한 티베트고원이 자리 잡았고, 남쪽 해안가는 겨울에도 덥고 습해서 동남아시아에 온 듯한 기분이 들 정도야.

중국인은 얼마나 많아요?

중국인은 약 14억 2천만 명(2024년 기준)이나 된단다. 한때는 인구가 너무 많아서 한 가정당 한 아이만 출산하게 하는 산아제한 정책을 펼치기도 했대. 해외에 살고 있는 중국인까지 합치면 그 수가 더 많다고 하니, 정말 대단하지?
전 세계 인구가 약 81억 명이니, 5명 중 1명은 중국인인 셈이야. 인구가 많기 때문에 중국이 전 세계에 미치는 영향력이 상당해.
예를 들어, 내로라하는 유명 기업들도 물건을 만들 때 중국인의 입맛에 맞추려고 애를 쓴단다.

중국은 역사가 긴 나라예요?

▲ 막고굴

중국은 세계 주요 문명으로 손꼽히는 고대 **황허 문명**이 탄생한 곳인 만큼 길고 풍부한 역사를 자랑해. 그래서 **유네스코에서 지정한 자연 및 문화유산이 무려 45개**로 세계에서 제일 많단다. 그중에서도 **동서양의 교역로**였던 '비단길'은 서양인들에게도 잘 알려진 세계적인 유적지야. 한나라 시절 장건이 비단길을 개척한 후 동양과 서양의 교류는 더욱 활기를 띠었지. 지금도 비단길 곳곳에 당시 유적이 남아 있는데 그중 둔황의 '**막고굴**'은 세계에서 규모가 가장 **큰 불교 유적**으로 유명해.

중국 출신의 세계적인 인물이 있나요?

중국은 세계적으로 유명한 사상가들이 아주 많아. 전쟁이 잦고 가장 혼돈스러웠던 춘추전국 시대에 중국 전역에서 수많은 사상가들이 탄생했는데, 그들이 바로 그 유명한 **공자, 맹자, 순자** 같은 분들이야.
춘추 전국 시대에 활약했던 사상가들이 남긴 책들은 오늘날까지 전 세계의 정치, 사회 제도 등에 큰 영향을 미치고 있어. 특히, '공자'의 제자들이 쓴 《논어》는 오늘날 동양 철학의 주요 교재로 전 세계에서 읽히고 있지.

다른 그림 찾기

자금성을 배경으로 사진을 찍었어. 그런데 달라진 부분이 있네?
모두 일곱 군데가 다르다는데, 어디가 다른지 같이 찾아볼까?

왕수재, 만리장성 성벽을 따라 걷다!

만리장성 ▶ 베이징역 ▶ 시안역 ▶ 시안 성벽

중국의 상징 **만리장성**

중국에서 맞는 두 번째 날! 오늘은 만리장성에 갈 거야. 이야, 신난다!
만리장성에 가려면 역 근처에서 버스를 타야 한대서 조금 서둘렀어.
기사 아저씨에게 만리장성까지 얼마나 걸리는지 물어봤더니, 글쎄…….
"엄청 가까워요. 바로 코앞이에요. 대충 한 시간 정도면 도착해요."
한 시간이라고? 헉, 엄청 멀잖아!
이게 가깝다니, 중국이 정말 크긴 큰가 봐.

드디어 버스에서 내렸어. 그런데 만리장성을 보려면 산 위로 올라가야 한대.

"만리장성이 산 위에 있는 거였어? 어떻게 올라가?"

영심이가 울상을 지었어. 그래도 다행이야. 케이블카를 타면 금방 도착한대!

케이블카를 타고 산꼭대기로 가는 동안 아래로 만리장성이 보였어.

만리장성은 진나라의 시황제가 북쪽의 유목 민족의 침입을 막기 위해 쌓은 거래. 대체 적이 얼마나 많이 쳐들어왔기에 이렇게 기다란 성을 쌓은 걸까?

산 위에 있는 만리장성

마침내 만리장성에 도착했어!
생각보다 계단이 가팔라서 숨이 찼지.
"으아~ 이제 오르기 시작했는데도
너무 힘들어."
성벽은 깎아지른 듯한 절벽을 따라
끝도 없이 이어졌어. 멋진 광경이었지.
만리장성은 정말 멋있었지만
사람이 너무 많아서 구경하기 힘들었어.
돌아가는 버스에서 모두 지쳤는지
꾸벅꾸벅 졸았지.
나도 슬슬 눈이 감기려고 해……

이게 만리장성이라고? 정말 거대하다!

와, 진짜 높다!

꼼지락 꼼지락

만리장성에 그렇게 사람이 많이 와요?

▶ 만리장성을 보러 오는 관광객 수는 1년에 천만 명이 넘는대. 휴일이면 하루에 2만 명이 넘는 사람들이 오기도 하지.

이제부터 기차를 타고 베이징을 떠나 다른 도시로 간대!
중국에서 처음 하는 기차 여행이라 그런지 가슴이 마구 두근거려.
근데 짐 검사를 하는데 시간이 오래 걸리는걸?
혹시나 모를 사고를 막기 위해서라지만, 너무 꼼꼼한 거 아니야?
"얘들아, 서둘러! 이러다 기차 놓치겠어!"
으악, 얼른 뛰어야 해!

짐 검사를 받는 사람들

 왜 중국은 기차, 지하철을 탈 때 짐 검사를 하나요?

▶ 중국은 2008년 베이징 올림픽 때부터 테러를 막기 위해 짐 검사를 시작했어. 칼이나 불이 붙기 쉬운 액체는 기차나 지하철에 가지고 탈 수 없단다.

중국의 옛 수도 시안

베이징을 떠나, 기차를 타고 여섯 시간이나 달려 도착한 곳은 시안!

시안은 황허강 물줄기가 지나는 평원에 자리 잡고 있어서, 옛날부터 사람들이 많이 모여 살았던 곳이래. 중국에서 가장 오랫동안 수도 역할을 한 도시이기도 하대.

음, 그래서 기차 밖으로 옛 건물이 많이 보였던 거구나!

"시안은 옛 명칭인 '장안'으로도 잘 알려져 있단다. '장안의 화제가 되다.'는 말의 '장안'이 바로 이 시안을 말한단다. 그 정도로 옛날에는 세계에서 손꼽히는 큰 도시였지."

시안이 오랫동안 수도였다는데, 얼마나 오래됐어요?

▶ 시안은 주나라 때부터 당나라 때까지 약 2,000년 동안 중국의 수도였어.

역을 빠져나와 점심을 먹으러 식당에 갔어.

"저기 봐, 요리사 아저씨가 묘기를 부리고 있어!"

와! 식당 아저씨가 밀가루 반죽을 양손에 잡고 면을 만들고 있었어.

반죽이 아저씨 손 가는 대로 쭉쭉 늘어났다가 줄어드는데 꼭 묘기 같았지!

아저씨가 만든 요리는 갈색 소스를 얹은 두꺼운 면이었는데, 이름은 뱡뱡몐이래.

정말 특이한 이름이지? 맛도 제법이었어!

  뱡뱡몐을 한자로 쓸 수 있어요? 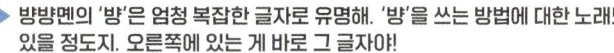 ▶ 뱡뱡몐의 '뱡'은 엄청 복잡한 글자로 유명해. '뱡'을 쓰는 방법에 대한 노래도 있을 정도지. 오른쪽에 있는 게 바로 그 글자야!

오래된 옛 수도의 유산 시안 성벽

"만리장성도 갔는데 무슨 성벽을 또 봐요?"

선생님이 이번에는 시안 성벽에 올라가자고 하셨어. 모두들 고개를 갸웃거렸지.

그래도 정말 크고 넓은 곳이라 하셔서 가보기로 했어.

멀리서 봤을 땐 별로 높아 보이지 않았는데 막상 올라가려니 생각보다 높더라.

"수재야, 여기 진짜 넓다. 우리 축구 경기하자!"

와! 하다 말대로 성벽은 축구를 해도 될 정도로 넓었어.

성벽은 꽤 오래전에 지어진 것 같았지만 튼튼했어.
적으로부터 시안을 지키기 위해 이렇게 높고 튼튼한 성벽을 지은 거래.
"저기 깃발까지 먼저 가는 사람이 이기는 거야! 하나, 둘, 셋!"
선애와 두기는 벌써 자전거를 타고 저만치 가고 있었어.
얘들아, 나도 자전거 빌려 올 테니까 끼워줘~!

시안 성벽은 얼마나 넓고 높아요?

▶ 시안 성벽의 높이는 12미터, 폭은 15미터 정도야. 도시를 둘러싼 성벽 길이를 모두 합치면 무려 약 14킬로미터래.

세계에서 가장 큰 건축물, 만리장성

오늘 둘러본 만리장성은 중국의 상징이자 세계에서 가장 거대한 건축물이야. 끝없이 이어진 튼튼한 성벽을 바라보다 보면 옛사람들의 솜씨에 놀라게 되지. 근데 이렇게 긴 성벽을 왜 쌓았을까? 하필이면 이름이 왜 '만리장성'일까? 만리장성에 대해 궁금한 모든 것, 용선생에게 모두 물어보렴!

만리장성은 중국 어디에 있어요?

만리장성은 중국 북부에 길게 걸쳐 있어. 동쪽으로는 베이징 오른편, 산해관에서 시작해 서쪽으로는 모래로 가득한 고비 사막 너머 가욕관까지 쭉 뻗어 있지.

만리장성은 대체 얼마나 긴 거예요?

만리장성의 '리'는 옛날에 길이를 세던 단위야. 오늘날 길이로 따지자면 10리가 약 4킬로미터니까, '만리'면 4,000킬로미터 정도지. 근데 만리장성의 길이는 모두 합쳐서 6,000킬로미터를 훌쩍 넘는다고 해. **실제로는 만리보다도 훨씬 긴 셈**이지.

만리장성은 지금으로부터 **약 2,200년 전, 진나라 황제 시황제**가 쌓았어. 중국 북쪽에 있는 강력한 유목 민족이 때때로 국경을 넘어와 공격하곤 했거든. 국경을 따라 길게 성벽을 쌓아 **유목 민족의 침입을 막으려 한 거야.**

원래 만리장성은 흙으로 쌓은 흙벽이었어. 이 사진을 보렴. 하지만 시간이 지나면서 성벽이 깎이고 허물어지기 일쑤였지. 그래서 흙 대신 벽돌로 성벽을 다시 튼튼하게 쌓았단다. 우리가 보는 만리장성은 약 600년 전 명나라 때 다시 쌓은 거야.

아쉽지만 만리장성 전체를 걸어서 가는 건 대단히 힘들어. 오랜 세월이 흐르며 훼손된 곳이 많거든. 심지어 어떤 곳은 물에 잠기거나, 성벽이 무너진 채로 방치되어 있기도 하지. 그래서 오늘날 관광이 가능한 곳은 복원 작업이 끝난 일부 구간뿐이란다.

숨은 인물 찾기

용선생과 아이들이 만리장성에서 사진을 찍었어.
그런데 어디에 있는지 못 찾겠네?
용선생과 아이들이 각각 어디에 있는지 찾아보자!

허영심, 병마용과 셀카를 찍다!

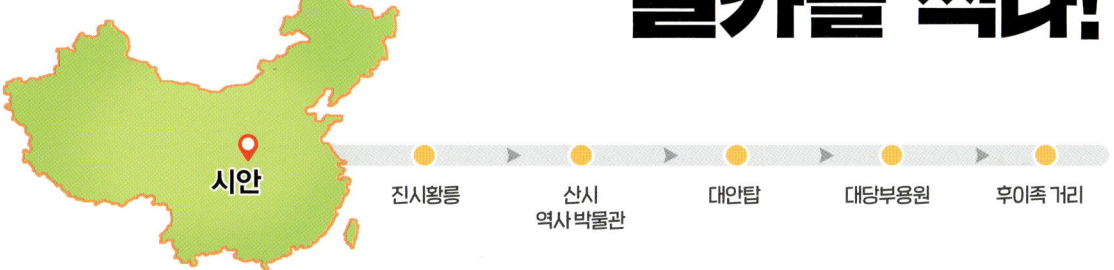

시안 → 진시황릉 → 산시 역사 박물관 → 대안탑 → 대당부용원 → 후이족 거리

중국을 최초로 통일한 진시황제

오늘은 시안에서 꼭 봐야 하는 것들을 볼 거래.
"다음 정류장이 진시황릉이야. 다들 내릴 준비 하렴."
이렇게 많은 사람이 가는 곳이라니, 대체 어떤 곳일까?
"진시황릉은 진시황제의 무덤이란다. 진시황제는 중국을 최초로 통일하고 황제가 된 사람이야."

진시황제
(기원전 259년~
기원전 210년)

아, 그러니까 선생님도 이 이야기는 처음 들어보실텐데~

따자하오~
(大家好。여러분 안녕하세요.)
진시황릉은 지금으로부터 약 2,200년 전에 만들어진…

산 전체가 무덤인 진시황릉

정류장에 내렸는데 주변이 온통 산이었어. 선애와 수재가 입장권을 사 왔지.

"눈앞에 보이는 산 있지? 저게 바로 진시황릉이란다."

우아! 선생님 말씀에 매우 놀랐어. 산 하나가 한 사람의 무덤이라니!

진시황릉은 너무나도 거대해서 아직 발굴이 다 끝나지 않았대.

일부만 파냈는데도 봐야 할 것들이 산더미처럼

쌓여 있다고 하더라.

거대한 산만 한 진시황릉

내가 바로 무덤 주인!

얘들아, 저길 봐! 저게 바로 진시황릉이란다. 정말 거대하지?

자~ 스마일~ 원 투 쓰리!

선생님, 이쪽으로 가면 된대요!

이렇게 무덤이 크면 안에 보물도 엄청 많겠지?

? 진시황릉은 얼마나 커요?

▶ 진시황릉은 동서 485미터, 남북 515미터의 거대한 무덤이야. 무덤 높이만 무려 76미터나 되지. 진짜 산만 한 크기야!

진시황릉에서 버스를 타고 병마용갱에 도착했어!
근데 입구에 들어서자마자 입이 떡 하고 벌어졌지.
거대하게 쌓아 올린 흙더미 아래 수천 개가 넘는 인형이 서 있었거든.
어떤 인형은 창을 들고 있었고, 또 어떤 인형은 활을 들고 있었지.
저기 흙으로 만든 인형을 '병마용'이라고 한대.
"으하하, 저기 봐! 장하다랑 똑같이 생긴 인형이 있어."
진짜 닮았잖아? 근데 정작 하다는 모르겠다는 표정이네, 큭큭!

진시황릉을 지키는 병마용

병마용은 어떻게 만들어졌어요?

▶ 병마용은 진흙을 구워 만든 인형이야. 뛰어난 장인들이 머리와 몸통, 팔, 다리를 각기 흙으로 만들어 구운 뒤, 조립하여 만들었지. 신기한 건 그 많은 병사들의 얼굴이 모두 다 다르게 생겼다는 거야.

📍 산시 역사 박물관

진시황릉에서 내려와 산시 역사 박물관에 갔어.

중국에서 가장 큰 박물관 중 하나래.

병마용부터 엄숙한 표정을 지은 불상 등 볼 게 많았어.

"선생님! 여기 예쁜 도자기도 많아요!"

관람 후에는 기념품점에서 예쁜 그림엽서도 샀어.

숙소에 가서 엄마 아빠에게 엽서를 써야지~!

당삼채

 산시 역사 박물관에 그렇게 유물이 많아요? ▶ 약 37만 점의 유물이 있다고 해. 대부분 시안이 중국 수도였을 때 만들어진 것들이라 수천 년이 넘는 오래된 것도 있어.

현장 스님의 불경이 담긴 **대안탑**

박물관에서 나오니 높은 탑이 보였어.
저 탑은 대안탑인데, 시안에서 가장 높은 불탑이래. 당나라의 현장 스님이 인도에서 불교를 공부하고 가져온 불경과 불상을 보관하기 위해 만들어졌대.
무려 1,400년 전에 지은 거라는데, 정말 대단해!
선생님 말씀으로는 대안탑 위로 올라가면 시안 전체를 볼 수 있대.
근데 아침부터 너무 걸었더니 다리도 아프고 피곤한 거 있지?
얘들아, 난 못 올라가겠어.

대안탑 앞에 놓인 현장 스님의 동상

현장 스님이 누구예요?

▶ 인도를 두루 순례하고 돌아와 《대당서역기》라는 책을 쓴 스님이야. 중국 고전 소설 《서유기》에서 삼장 법사의 실제 모델로도 유명하지.

마지막으로 둘러볼 곳은 **대당부용원**이란 곳이래.

옛날 궁궐 정원을 재현해 놓은 공원인데, 화려한 조명 덕에 야경이 아름답다더라.

"다리에서 반짝반짝 빛이 나요. 우아, 정말 예쁘다!"

두기가 연신 셔터를 누르며 감탄했어. 나도 계속 사진을 찍어댔지.

배경이 아름다워서 그런가, 셀카도 아주 예쁘게 나왔어. **히히.**

독특한 음식이 한가득 후이족 거리

헉, 벌써 밤이 되었어! 배고픈데 식당이 문을 닫았으면 어떡하지?
"시안에서는 밤마다 시장이 열려. 맛있는 음식을 판다고 하니까 한번 가보자."
가는 길에 선생님께 이야기를 들었어. 우리가 가는 곳은 후이족 거리인데,
맛있고 독특한 음식을 먹을 수 있는 곳이래! 시장에 들어서자
붉은 전등과 맛있는 냄새가 우리를 반겼어.
뭐부터 먹을까?

이슬람교를 믿는 후이족

헤헤, 양꼬치 하나 더!

앗, 뜨… 뜨!!!

후이족이 누구예요?

▶ 후이족은 중국의 소수민족이야. 약 1천만 명 정도 되지. 먼 옛날 중국에 정착한 이슬람교도가 후이족의 조상이란다.

선애랑 갓 짜낸 석류 주스와 설탕을 입힌 과일 꼬치를 나누어 먹었어.
시원하고 달콤한 맛이 마음에 쏙~ 들었지.
건너편 가게에서 양꼬치도 사 먹었어. 두기가 실수로 양념을 흘려
옷이 엉망이 되었지만 맛있어서 참기로 했어.
"영심아~ 미안하지만, 더 먹고 싶은데 돈이 없어. 좀 빌려줘!"
으이구, 장하다 때문에 내가 못 살아!

용선생의 스페셜 가이드

진시황제와 진시황릉 자세히 살펴보기!

시안에 오면 반드시 들르는 진시황릉! 이 거대한 무덤의 주인은 바로 진시황제야. 근데 진시황제는 누구고, 무슨 일을 한 걸까? 아이들이 각자 궁금한 부분을 조사해 왔다니까, 함께 진시황제가 어떤 사람인지 알아보도록 하자!

진시황제, 그는 누구인가!

진시황제는 약 2,200년 전, **중국을 처음으로 통일한 사람**이야. 진시황제는 자신을 왕이 아닌 황제라 불렀어. 이후 중국을 다스리는 사람을 황제라 부르게 되었지. 참고로 진시황제의 '시황제'는 '첫 번째 황제'란 뜻이래.

진시황제는 어떤 일을 했을까?

진시황제는 **지역마다 달랐던 법과 문자, 단위를 모두 하나로 통일**시켰어. 그리고 황제의 명령을 따르는 관청을 전국 방방곡곡에 두고 자신이 직접 관리를 임명했지. 덕분에 **진시황제는 드넓은 중국을 효율적으로 다스릴 수** 있었어.

무시무시한 황제

진시황제는 무시무시한 황제였어.
자신을 비판하며 따르지 않는 학자들을
모두 구덩이에 파묻고 책은 몽땅 불태워 버렸지.
그리고 궁전과 무덤을 짓는 일에
수많은 사람을 강제로 동원했어.
수많은 사람이 **진시황제의 잔혹한 통치**에
큰 고통을 받았단다.

진시황제의 마지막

이렇게 무시무시한 진시황제도
죽음만은 피하지 못했어.
진시황제는 영원히 늙지도, 죽지도 않는
방법을 찾기 위해 엄청난 돈을 낭비했지.
하지만 황제가 된 지 10년 만에 세상을 떠났단다.
진시황제가 죽고 난 뒤 백성들은 반란을 일으켰어.
진나라는 고작 4년 만에 멸망하고 말았지.

진시황릉의 수수께끼

'진시황릉'은 세계에서 가장 거대한 무덤이야.
오늘 우리가 다녀온 병마용갱도 무덤 주변부일 뿐이래. 정말 대단하지?
아마 진시황제의 무덤을 조사하면 지금보다
훨씬 더 많은 보물이 쏟아져 나올 거야!
하지만 진시황릉은 발굴이 금지되어 있어.
섣불리 발굴을 진행했다가
유물이 망가지기라도 하면 큰일이거든.
그래서 무덤 안이 어떻게 생겼는지는
여전히 수수께끼래.

일정표 보고 길 찾기

중국에 사는 수재의 친구와 후이족 거리에서 저녁을 같이 먹기로 했어.
선애가 쓴 일정표를 잘 보고, 올바른 길을 찾아줘!

※ 선애의 일정표

- 숙소에서 출발
- 시안역 근처에서 버스 타기
- 종루 통과해서 점심으로 뱡뱡면 먹기
- 산시 역사 박물관에서 당삼채 구경하기
- 대안탑 구경하기
- 대당부용원에서 야경 즐기기
- 후이족 거리에서 수재 친구 만나기

중요! 한번 간 길은 다시 이용할 수 없음. 성벽과 성문을 제외하고 길 가운데 장애물이 놓인 곳은 갈 수 없음.

나선애, 청두에서 쓰촨 요리를 맛보다!

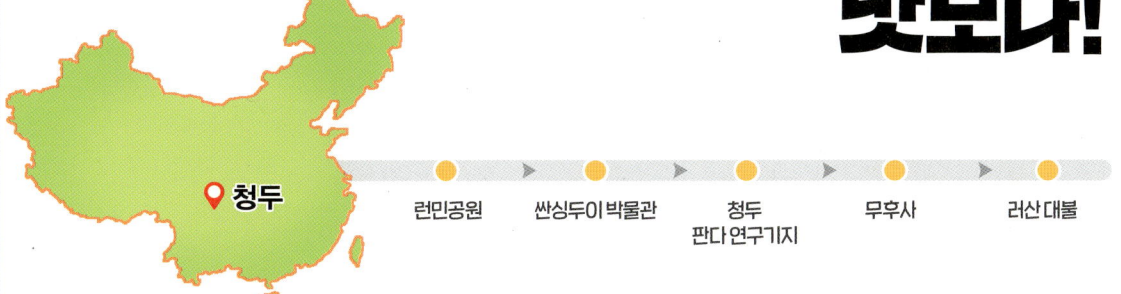

런민공원 ▶ 싼싱두이 박물관 ▶ 청두 판다 연구기지 ▶ 무후사 ▶ 러산 대불

중국에서 보내는 네 번째 날! 우리는 중국 서부 쓰촨 지역의 중심지 청두에서 아침을 맞이했어. 선생님은 운동하자며 아침 일찍 우리를 공원으로 데려갔어.
"호수 옆에서 사람들이 춤을 추고 있어!"
선생님은 춤이 아니라 '태극권'이라고 하셨지.
중국에서는 정신 수양과 신체 단련을 위해 아침마다 태극권을 수련하는 사람들이 흔하대.
배우기도 쉽고, 건강에도 좋다나?
이얍, 우리도 한번 따라해 보자!

공원에서 태극권을 수련하는 사람들

태극권은 언제부터 시작됐나요?

▶ 태극권은 약 400년 전 만들어진 무술이야. 1950년대, 중국 정부에서 국민 건강을 위해 태극권을 간편하게 만들어서 퍼뜨렸지.

청동기 시대의 유물 싼싱두이 청동상

간단히 아침을 먹은 뒤 싼싱두이 박물관에 갔어.
"이 커다란 얼굴은 뭐예요? 엄청 특이하게 생겼다!"
하다가 가리킨 곳에는 커다란 얼굴상이 있었어.
두꺼운 눈썹 아래 커다랗고 부리부리한 눈과 높은 코, 큰 입이 인상적이었지.
선생님 말씀으로는 약 5천 년 전에 만들어진 거래.
우아, 중국은 아주 옛날부터 청동을 만드는 기술이 뛰어났나 봐!

싼싱두이 청동상

중국을 상징하는 동물 판다

박물관을 나와 **청두 판다 연구기지**로 향했어.
귀여운 판다를 맘껏 구경할 수 있는 곳이래.
"**판다**는 **중국을 상징하는 동물**이란다."
그래서 판다는 '제1급 보호 동물'로 지정해서
보호한대. 많은 사람들이 판다를 보러 온
이유를 알겠네~! 아, 나도 빨리 판다 보고 싶다!

청두 판다 연구기지 입구

아~ 판다 빨리 보고 싶다아~

그러니까 말이야~ 정말 귀엽겠지?

판다는 왜 중국의 상징이에요?

▶ 판다는 중국에서만 사는 동물이거든. 그래서 중국은 다른 나라와 친분을 다질 때 판다를 선물한단다. 우리나라도 2014년에 판다를 선물 받았지.

"얘들아, 빨리 와라. 여기에 판다가 있어!"

선생님 말씀에 얼른 뛰어갔어.

정말로 판다가 바닥에 누워 대나무를 먹고 있지 뭐야!

텔레비전에서 보는 것보다 훨씬 귀여워서 할 말을 잃었어.

그런데 선생님 말씀으로는 야생에서는 판다를 보기가 몹시 어렵대.

원래 중국에서도 일부 지역에만 사는 데다, 환경 오염으로 점점 수가 줄고 있다고 해.

흑흑, 이렇게 귀여운 판다가 멸종 위기라니!

중국의 상징 판다

 판다는 뭘 먹고 살아요?

▶ 대나무를 주로 먹어. 판다는 대나무를 아주 좋아해서, 하루에 먹는 대나무만 무려 9~12킬로그램이나 된대.

매워도 너무 매운 **쓰촨 요리**

대표적인 쓰촨 요리,
마포또우푸(마파두부)

판다를 실컷 보고 나서는 점심을 먹으러 식당에 들어갔어.

그런데 식당에 들어서자마자 매운 냄새가 코를 찌르는 거 있지?

"으음~ 여기 음식 엄청 매운가 봐요!"

장하다가 코를 벌름거렸어. 매콤하지만 군침을 절로 돌게 만드는 맛있는 냄새였지.

몇 분 뒤에 주문한 요리가 나왔어! 맛이 어떤지 한번 먹어볼까?

"맛있는데 너무 매워요."

하다의 말에 선생님이 웃으셨어.

우리가 있는 쓰촨 지역은 매운 요리로 유명하대.

맵고 얼얼한 맛을 내는 향신료를 많이 써서 그렇다고 하더라.

또 쓰촨 요리는 중국에서 인기가 많아서,

어딜 가든지 쓰촨 요리 전문점이 반드시 있대!

쓰촨은 어떤 곳이에요?

▶ 중국 남서부에 있는 곳이야. 예로부터 땅이 비옥해서 농작물이 잘 자라 '천하의 곳간'이라 불렸지.

중국의 역사 소설 삼국지

식당에서 나와 무후사로 향했어. 무후사는 역사 소설 《삼국지》의 주인공을 모신 사당이야. 알고 보니 청두는 《삼국지》 속 영웅들이 활약한 주요 무대였다지 뭐야? 안으로 들어가니 손에 부채를 쥐고 둥근 모자를 쓴 동상이 보였어. 이 사람은 누구지?
"이 사람은 훌륭한 재상*으로 이름을 날렸던 제갈량이야. 《삼국지》의 등장인물이기도 해."
《삼국지》가 소설이긴 하지만, 실제로 있었던 일을 바탕으로 한 거구나!

* 군주를 도와 나랏일을 책임지고 이끄는 직책이야.

소설 《삼국지》의 한 장면

삼국지의 등장인물이자 중국의 명재상 제갈량을 모신 사당이란다.

장하다, 왕수재, 곽두기는 태어난 날은 다르나, 장하다를 형님으로 모시고…

야, 내가 형님이거든?!

《삼국지》는 어떤 소설이에요?
▶ 정확히는 《삼국지연의》라고 해. 중국의 삼국 시대를 배경으로 여러 영웅의 활약을 다루었지. 특히 유비, 관우, 장비의 우정 이야기가 유명해.

내가 만든 중국 지도 ★ 알맞은 자리에 스티커를 붙이세요.

양쯔강

만리장성

판다

자금성

동방명주   홍콩   병마용

미션 해결 지금 여행지에서는?

8일

★ 알맞은 자리에 스티커를 붙이세요.

★ 스티커를 자유롭게 붙여 보세요!

《용선생이 간다》 중국

절벽을 깎아 만든 불상 러산 대불

우리는 청두 근처의 '러산'에 왔어. 여기엔 놀랄 만큼 커다란 불상이 있대.

"얘들아, 위를 봐봐! 부처님 머리가 엄청 커!"

하다 말대로 까마득히 높은 곳에 정말 거대한 머리가 보였어. 진짜 크다!

"흐흐, 여기 러산 대불은 높이가 수십 미터나 되는 절벽을 깎아서 만들었단다."

그나저나 이렇게 커다란 불상을 만들려면 시간이 오래 걸렸을 텐데, 얼마나 걸렸을까?

러산 대불

전체 71미터, 머리 길이만 약 15미터에 달하는 거대 불상이야. 발등 위에만 사람 100명이 동시에 앉을 수 있대.

와… 진짜 크다….

이 대불은 만드는 데에만 90년 넘게 걸렸대.

카메라로 전체를 찍는 건 어림도 없겠어!

우와아아

간단하게 저녁을 먹고 기념품을 사기로 했어.

청두에 옛 중국 거리를 재현해 놓은 '콴자이샹즈'란 곳이 있는데, 재밌는 물건을 많이 판다더라고.

"선애야, 여기 가게에 예쁜 거 많은데 구경 가자."

영심이를 따라 그림이 그려진 책갈피와 엄마에게 드릴 비단 스카프를 샀어.

마음에 드셨으면 좋겠다~!

사람으로 붐비는 콴자이샹즈

콴자이샹즈에선 어떤 물건을 살 수 있어요?

▶ 맛있는 쓰촨 음식과 차, 엽서나 자석 같은 각종 기념품을 살 수 있어.

용선생의 스페셜 가이드

군침이 꿀꺽!
다양한 중국 요리

중국은 땅이 넓은 만큼 지역마다 특색 있는 요리법이 발달했어. 크게 쓰촨 요리, 베이징 요리, 광둥 요리, 상하이 요리 네 가지로 나뉘지. 알고 먹으면 더 맛있는 법! 중국 요리의 종류와 특징을 간단하게 살펴보고, 각자 먹고 싶은 음식에 ✓표시를 해 볼까?

❈ 쓰촨 요리 ❈

바다에서 멀리 떨어진 쓰촨 지역의 요리야. 혀가 얼얼할 정도로 **매운맛**으로 유명하지. 고추나 후추 같은 매운 향신료를 많이 써서 매운맛을 내. 바다에서 먼 만큼 해산물보다는 채소나 돼지고기를 주재료로 한 요리가 많아.

마포또우푸
매운 양념에 볶은 두부
[   ]

꿍빠오지딩
매운 양념에 볶은 닭고기
[   ]

후이궈러우
매콤짭짤한 삼겹살 볶음
[   ]

❈ 베이징 요리 ❈

수도 베이징을 중심으로 인근 지역에서 발달한 요리야. 황제가 즐겨 먹던 고급 요리부터 서민들이 먹는 요리까지 종류가 매우 다양하지. 대체로 **기름에 볶는 요리**가 많고 쌀보다 밀가루를 더 많이 사용해.

베이징 카오야
황제가 즐겨 먹던 오리구이
[   ]

자장몐
콩으로 만든 양념을 얹은 면
[   ]

징장러우쓰
채 썬 고기를 볶아 꽃빵에 싸 먹는 요리
[   ]

❈ 광둥 요리 ❈

광둥 요리는 중국 남부 해안 지역을 대표하는 요리야. 바다가 가까워서 해산물을 많이 쓰는데, 향신료를 적게 넣어서 아주 **담백한 맛**이 난대. '다리가 달린 건 책상 빼고 다 먹는다.'라는 말이 있을 정도로 재료가 아주 다양해.

딤섬
채소, 새우, 고기를 넣은 만두
[   ]

완탕멘
계란면에 새우만두를 넣은 요리
[   ]

샤오루주
새끼 돼지 구이
[   ]

❈ 상하이 요리 ❈

상하이 요리는 양쯔강 하류 지역에서 발달한 요리야. 강과 호수가 많아서, 이곳에서 잡히는 민물고기를 즐겨 먹지. 다른 지역과 달리 굽거나 튀겨낸 음식 대신 찌거나 국물을 낸 탕 요리가 발달했어. 간을 적게 해서 **부드럽고 살짝 단맛**이 나는 게 특징이래.

칭쩡위
생선 찜 요리
[   ]

동포러우
돼지고기 오겹살 간장 찜
[   ]

따자시에
참게 찜 요리
[   ]

무엇을 상상하든 그 이상의 맛!

추리하기

찰칵찰칵! 귀여운 판다들과 사진을 찍는 동안 내 모자가 없어진 거 있지?
사진을 보고, 내 모자를 가져간 판다를 찾아줄래?

곽두기, 케이블카를 타고 만년설을 보다!

📍리장

쌀국수 식당 ▸ 위룽쉐산 ▸ 리장 고성

📍 여름에도 시원한 리장

방금 윈난 지역의 리장에 도착했어! 근데 도착하자마자 이상한 걸 느꼈지.

어제까지만 해도 매우 더웠는데, 오늘은 조금 선선한 바람이 불었거든.

알고 보니 여기는 해발 고도*가 높아서 한여름에도 시원하대.
　＊ 바다를 기준으로 산이나 도시가 얼마나 높은 곳에 있는지를 나타낸 거야.

"얘들아, 외투 다 챙겨 왔지? 아침, 저녁으로는 추우니까 외투 꼭 챙겨 입으렴!"

선생님이 걱정스러운 표정으로 우리에게 신신당부했지.

한 나라 안에서 이렇게 날씨가 다르다니,

중국은 상상 이상으로 거대한 나라인가 봐!

옷 따뜻하게 입어야 해!

윈난에는 무려 25개의 소수민족이 살고 있…

차림새가 특이한 사람들이 많네?

어제까지만 해도 더웠는데, 긴소매를 입어야 한다니….

그만하고 얼른 입어.

❓ 윈난 지역은 얼마나 높아요?
▶ 평균 해발 고도가 1,980미터 정도야. 우리나라의 한라산보다 높은 곳이지. 어떤 곳은 너무 높아서 산소가 부족하기도 하대!

하다 형이 배고프다고 노래를 부르는 바람에 밥부터 먹기로 했어. 어라…?

"쌀국수? 쌀국수는 베트남 요리 아닌가요?"

"윈난도 쌀국수를 즐겨 먹어. 맛도 있지만, 값이 싸고 양도 푸짐하단다."

아하, 그렇구나! 따끈한 쌀국수 위에 얇게 썬 고기와 채소가 얹어져 나왔는데, 아주 맛있어 보였어. 뜨거우니까 혀가 데이지 않게 후후 불어 먹어야지.

미셴

 윈난은 왜 쌀국수를 즐겨 먹어요?

▶ 윈난 지역에서 많이 재배되는 쌀은 우리가 먹는 쌀과는 다른 종이야. 밥보다는 국수로 만들기 적합해서 일찍부터 쌀국수 문화가 발달했어.

65

📍 1년 내내 눈을 볼 수 있는 위룽쉐산

사실 오늘은 엄청나게 높은 산에 올라가기로 했어. 이름은 위룽쉐산!
위룽쉐산은 높이만 5,500미터가 넘는대. 백두산을 두 개 포갠 것보다 높아!
근데 이렇게 높은 산을 어떻게 올라간담?
"케이블카를 타면 금방이야! 정상 가까이 가면 눈도 볼 수 있지."
와아! 여름인데 눈을 볼 수 있다고?

❓ 여름인데도 왜 산에서 눈을 볼 수 있어요?

▶ 고도가 높은 곳으로 갈수록 기온이 점점 떨어지거든. 5,500미터가 넘는 위룽쉐산의 정상은 늘 기온이 낮아서 눈이 잘 녹지 않는 거란다.

우리가 탄 케이블카는 짙게 낀 구름을 뚫고 한참 산을 올랐어.
마침내 케이블카가 멈췄어. 오들오들 찬 공기가 느껴졌지.
여기서 내리면 바로 눈이 보이겠지?
"흐흐, 아쉽지만 조금 더 걸어야 해. 얘들아, 힘들면 선생님에게 꼭 말하렴."
올라갈수록 숨이 차올랐지만, 뾰족한 산봉우리 위에 쌓인 눈은 정말 멋있었어.
헥헥, 근데 나 왜 이렇게 숨을 쉬기가 힘들지?
선생님은 고도가 높아질수록 산소가 적어져서 그렇다고 알려주셨어.

위룽쉐산

윈난에 있는 유명한 산이야. 봉우리마다 일 년 내내 눈이 녹지 않고 쌓여 있는 모습이 마치 용이 누워 있는 것처럼 보인다고 해.

 옛 모습을 그대로 간직한 리장 고성

산에서 내려와 작은 마을, 리장 고성에 도착했어. 시간이 그대로 멈춘 것처럼 보이는 마을이었지. 오래된 거리에 고풍스러운 옛날 집이 빼곡히 들어차 있었거든. 가느다란 강줄기가 흐르는 마을 곳곳에는 알록달록 꽃이 가득했는데, 너무 예뻐서 저절로 감탄이 나왔지.

"정말 아름다워요. 이런 마을엔 대체 누가 살까요?"

알고 보니 이 마을은 수백 년 동안 그대로 모습을 간직하고 있어서 유네스코 세계 문화유산으로 지정되었대!

마을 한쪽에서 흥겨운 노랫소리가 들렸어.
가까이 가 보니, 사람들이 둥글게 원을 그리며 춤을 추고 있었어.
모두 예쁜 치마를 입고 머리에 화려한 장식을 달고 있었지.
"저 사람들은 소수민족 나시족이야. 나시족은 아주 오래전부터 이곳에 살았지."
리장 주변에는 나시족 말고도 수많은 소수민족이 살고 있대.
그 사람들은 어떻게 살고 있을까? 궁금하다!

전통 복장으로 춤을 추는 나시족

 나시족은 어떤 사람들이에요?

▶ 나시족은 인구 약 30만 명의 소수민족이야. 주로 리장에 있는 자치 구역에서 살고 있지. 이들은 아직도 자신들의 언어와 문화를 지키며 살아간대.

용선생의 스페셜 가이드

중국에 이렇게 다양한 민족이?

중국은 다수를 차지하는 한족과
55개나 되는 소수민족이 함께 살아가는 다민족 국가야.
소수민족은 저마다 독특한 생활 풍습이나 종교를 간직한 채
중국 인구 대다수를 차지하는 한족과 어울려 살아가고 있지.
그러면 중국에 어떤 소수민족이 있는지 한번 짚어보도록 할까?

티베트인

중국 서남쪽 끝,
'시짱 티베트 자치구'에 사는 사람들이야.
인구는 약 300만 명 정도.
이들은 티베트 불교를 믿고,
자신들만의 문자와 언어를 써.
최근까지 중국을 상대로
독립운동을 벌이기도 했지.

시짱 티베트 자치구

먀오족

윈난 옆 구이저우에 사는 소수민족이야.
인구는 약 900만 명.
먀오족은 섬세하고 화려한 공예 기술과
흥겹고 뛰어난 노래 실력으로 유명하지.
이웃한 베트남, 라오스에도
약 100만 명가량의 먀오족이 살고 있단다.

구이저우

위구르인

중국 가장 서북쪽 끝,
사막과 오아시스가 끝없이 펼쳐진
'신장 웨이우얼 자치구'에 사는 사람들이야.
인구는 약 1000만 명 정도.
위구르인은 이곳에서 유목 생활을 하던
유목민의 후손으로, 한족과는 생김새가
아주 달라. 이목구비가 뚜렷해서
얼핏 보면 서양인처럼 보이기도 하지.
대부분 이슬람교를 믿는 것도
위구르인의 특징이란다.

만주족

중국 동북쪽, 우리나라와 가까운
동북 3성 지역에 사는 소수민족이야.
만주족은 중국 역사에 커다란
흔적을 남긴 민족이기도 해.
중국 마지막 왕조 청나라를 세우고
400년 가까이 중국을 지배했거든!

미로 찾기

앗! 나시족 마을을 돌아다니다가 두기가 일행과 흩어져 버렸어!
두기가 얼른 길을 찾을 수 있게 도와줘!

왕수재, 충칭에서 불가마 더위를 체험하다!

양쯔강 케이블카 ▶ 훠궈 식당 ▶ 인민대례당 ▶ 충칭 시내

중국에서 가장 긴 강 양쯔강

여행 여섯째 날! 청두 옆에 있는 충칭에 도착했어.
충칭에 오면 꼭 케이블카를 타야 한대. 정말 멋진 풍경을 볼 수 있다나?
케이블카 탑승장 맞은편에는 하늘 높이 솟아오른 고층 빌딩이 죽 늘어서 있었어.
"여기 아래요, 밑에 엄청나게 커다란 강이 있어요!"
두기의 말에 선생님은 웃으시며 이 강 이름은 '양쯔강'이라고 하셨어.
"양쯔강은 중국에서 제일 긴 강이야. 아시아에서 제일 긴 강이기도 해."

충칭은 어떤 도시예요?
▶ 중국 대륙 한복판에 자리한 충칭은 교통의 중심지야. 베이징, 상하이, 톈진과 함께 중국을 대표하는 4대 도시 중 하나지.

중국의 화로 충칭

"옷이 땀으로 다 젖었어! 여긴 왜 이렇게 더운 거야?"

영심이가 볼멘소리를 냈어.

알고 보니 **충칭은 중국에서 가장 무더운 곳 중 하나래.**

푹푹 찌는 듯한 무더운 날씨 때문에 '화로*'라고도 불린다더라.

*겨울철에 난방을 위해 불씨를 담아 두는 그릇을 말해.

한창 더울 땐 **40도**가 넘어가는 일도 흔하다던데, 잠깐, 지금 몇 도지?

선생님, 아이스크림 하나만 사 주시면 안 돼요?

아이고..

이거 봐봐, 지금 39도래!

땀이 비 오듯 쏟아지네….

충칭이 이렇게 더운 이유가 뭐예요?

▶ 충칭이 높은 산으로 둘러싸인 분지 지형이라서 그래. 더운 공기가 높은 산에 가로막혀 갇히는 바람에 기온이 올라가는 거란다.

쓰촨의 명물 마라 훠궈

푹푹 찌는 더위에 금세 지쳐버렸어. 점심으로 쓰촨 명물이라는 훠궈를 먹기로 했지.

훠궈는 뜨거운 국물이 담긴 냄비에 여러 재료를 익혀 먹는 요리래.

근데 이렇게 더운데 웬 뜨거운 요리? 더운 날엔 역시 냉면이 최곤데!

"으아, 너무 매워요!"

영심이가 쩔쩔매며 물을 찾았어.

알고 보니 충칭도 매운 요리로 유명하다나?

쳇, 이열치열*이라더니, 충칭 사람들은 이렇게 매운 음식으로 더위를 이겨낸다더라.

*열을 열로써 이겨 낸다는 말이야.

마라 훠궈

훠궈의 빨간색 국물은 뭘로 만드나요?

▶ '훙탕'이라고 해. 고기와 야채로 만든 육수에 매운 두반장과 화자오, 고추기름을 넣어서 만들지.

인민대례당

밥을 먹고 나와 보니 눈앞에 엄청나게 큰 건물이 보였어.

아니, 대체 저게 뭐야?

"호호, 저 건물은 '인민대례당'이야. 충칭에서 가장 큰 극장이지."

극장이라고? 충칭엔 얼마나 많은 사람이 살기에 저렇게 극장이 큰 거지?

어쨌든 주변엔 인민대례당을 배경으로 사진을 찍는 사람들이 많았어.

우리도 기념사진 한 장 정도는 남겨야겠지?

인민대례당

원래는 충칭 지역의 대표자들이 모여 회의하는 장소래. 회의가 없을 때는 극장과 행사장으로 사용되지. 중국을 대표하는 10대 현대 건축물 중 하나로, 내부 좌석은 5,000석이나 된대.

선생님이 재밌는 걸 보여준다며 전철을 타러 가자고 하셨어.
재미있는 게 대체 뭐지?
자리에 앉아서 바깥 풍경을 바라보는데, 정말 놀라운 일이 벌어졌어.
우리가 탄 전철이 높은 빌딩 한가운데를 스윽- 통과한 거야. 세상에나!
"전철이 건물 속을 지나다니, 진짜 신기해!"
영심이랑 두기는 엄청 놀랐는지 눈이 휘둥그레졌어.

울퉁불퉁한 언덕에 지어진 충칭의 건물들

그나저나 오늘은 날씨가 좋지 않은걸?

잔뜩 날씨가 흐린 게 금방이라도 비가 올 것 같았지.

"충칭은 늘 이렇게 흐리거나 안개가 끼어 있어."

그래서 별명이 '안개의 도시'라지 뭐야?

하지만 선생님은 오늘은 비가 안 온다며 우산이 없어도 된다고 하셨어. 톡, 톡, 톡 -

앗! 그런데 선생님 말씀과 다르게 빗방울이 하나둘 떨어지기 시작했어.

"에잇! 비 오잖아요. 선생님!"

안개가 자욱한 충칭

충칭은 맨날 날씨가 이렇게 흐려요?

▶ 일 년 중 약 100일 정도는 안개가 끼어 있지. 안개가 없더라도 늘 구름이 끼어 있어. 그래서 충칭에서는 햇빛을 보기가 어렵단다.

용선생의 스페셜 가이드

중국 최대의 하천, 양쯔강

양쯔강은 중국에서 가장 길고 넓은 강이야.
북쪽의 황허강과 더불어 중국을 대표하는 강이지.
양쯔강은 오랫동안 중국 남부의 젖줄이었고, 많은 배들이 오가는 뱃길이기도 했어.
그래서 양쯔강 하류 지역에는 중국에서 가장 큰 도시들이 몰려 있지.
그러면 지금부터 양쯔강 주변에 어떤 도시들이 있는지 살펴보자!

양쯔강의 진짜 이름은?
중국 사람들은 양쯔강을 '창장(장강)'이라 불러.
'긴 강'이란 뜻이지.
사실 우리가 강 이름으로 알고 있는 '양쯔강'은
강 하류 지역을 가리키는 말이야.

청두

충칭

싼샤댐

충칭
양쯔강 중상류의 대도시. 청두와 함께
쓰촨 지역을 대표하는 도시야. 제2차 세계 대전 때에는
중국의 임시 수도이기도 했어.

싼샤댐
양쯔강 중류에 있는 세계에서 가장 큰 댐.
댐에 저장된 물의 양은
한반도 전체에 흐르는 물의 2배가 넘는대.

난징
중국 남부의 중심 도시. 한때 여러 중국 왕조의 수도였어.

쑤저우
양쯔강 하류 대도시. 호수와 운하가 아주 많아서 '물의 도시'로 불려.

우한
양쯔강 중류의 대도시. 중국 한가운데에 자리 잡고 있어서 교통의 요지 역할을 하지.

항저우
양쯔강 하류 대도시. '하늘에 천당이 있다면 땅에는 항저우가 있다'고 할 정도로 옛날부터 부유한 도시였어.

상하이
중국 최대 도시이자 경제 중심지야. 인구만 무려 2,400만 명으로 서울 인구의 두 배가 넘지.

양쯔강은 얼마나 길고 넓을까?

양쯔강은 총 길이 6,300킬로미터로 아시아에선 제일 길고, 세계에선 다섯 손가락 안에 꼽히는 긴 강이야. 그만큼 강 주변엔 사람도 많이 살아서 강 유역에 사는 사람만 4억 5천만 명이 넘어. 양쯔강 중류의 강폭은 4킬로미터가 넘어. 우리나라 한강의 약 4배나 되지.
강폭이 워낙 넓어서 얼핏 보면 바다인 것처럼 보이기도 해.

다른 그림 찾기

인민대례당을 배경으로 찍은 사진이야.
근데 찍힌 두 장이 서로 다른 거 있지?
모두 다섯 군데야. 어디가 다른지 찾아보자!

장하다, 자전거를 타고 항저우를 여행하다!

항저우 → 길거리 식당 → 용정 차밭 → 시후 → 뇌봉탑

중국인의 아침 식사

꼬르륵~ 배가 고파서 아침을 먹으러 밖으로 나갔어.

식당에는 사람들이 길게 줄을 서 있었지.

치이익- 주방에서 나는 밀가루 튀기는 소리와 고소한 냄새가 입맛을 돋웠어.

"빵과 콩물은 중국 사람들이 즐겨 먹는 아침 메뉴 중 하나야. 맛있으니까 한번 먹어 보렴."

잘 먹겠습니다! 손이 기름으로 번들거렸지만, 선생님 말씀대로 정말 맛있었어.

너희도 중국에 오면 꼭 먹어 봐!

요우티아오(길쭉한 빵)와 또우장(콩물)

중국 사람들은 왜 아침을 밖에서 먹나요?

▶ 집에서 먹는 것보다 시간도 절약할 수 있고 값이 싸거든. 그래서 중국에는 아침에만 잠깐 문을 여는 식당도 많단다.

명품 차로 유명한 항저우 용정 차밭

이제부터 본격적으로 항저우를 둘러볼 거야! 버스를 타고 사람이 드문 동네에 내렸어. 뭘 심어놨는지 주변은 녹색빛으로 가득했지.

"이건 차나무야. 잘 말린 찻잎을 물에 우려내면 너희들이 아는 녹차가 되지."

이 조그만 나무가 차라고? 차는 아무 풀잎이나 따서 만드는 건 줄 알았는데…….

"풉, 장하다 너 설마 차나무가 뭔지 몰랐던 거야?"

허영심! 너도 몰랐으면서 왜 아는 척이냐?

용정 차밭에서 수확한 녹차

아름다운 호수 시후

차밭에서 버스를 타고 넓은 호수에 도착했어.

용머리가 얹힌 배 여러 척이 호수에 떠 있었지. 이야~ 멋있는데?

이 배를 타면 호수를 크게 한 바퀴 돌 수 있대.

선생님, 배 타러 가요~ 근데 호수 이름이…… 뭐였더라?

"시후래, 시후. 너 아까 설명 안 들었구나?"

수재 녀석이 그것도 모르냐며 거들먹거렸어. 야, 너한테 안 물어봤거든?

호수가 아름답다는 거야, 네가 아름답다는 거야?

참나…

어머~~ 너무 아름답다!

시후가 무슨 뜻이에요?

▶ '서쪽 호수'란 뜻이야. 항저우의 서쪽에 있어서 이렇게 부른대. 혹은 중국의 전설적인 미녀 '서시'만큼이나 아름다워서 이런 이름이 붙었다고도 하지.

모터 소리가 멎은 걸 보니 도착했나 봐!

후다닥 배에서 내려 주위를 둘러보았어.

바로 앞에 엄청 오래되어 보이는 돌다리가 있었지.

잠깐 걸음을 멈춰 호수를 바라보니 탁 트인 풍경에 절로 감탄이 나왔지.

"너무 아름답다아~! 내 마음이 다 시원해지는 것 같아!"

옛날엔 이곳을 배경으로 글을 쓰는 문인*들도 많았다던데,

그 이유를 알겠네!

* 글을 짓거나 글씨를 쓰는 일에 종사하는 사람을 말해.

지폐 도안으로 쓰인 시후 풍경

호수 주변을 걷는데 자전거를 탄 사람이 엄청나게 많았어.

자전거는 중국 사람들이 자주 이용하는 교통수단이래.

"중국에서도 항저우는 '자전거 천국'으로 유명해. 자전거 대여소가 없는 곳이 없지."

선생님은 온 김에 한번 타보자며 자전거를 빌렸어. 자전거가 좀 커서 두기가 낑낑댔지만, 선생님의 도움으로 무사히 타는 데 성공했지.

자, 이제 내 능력을 보여줄 시간이군!

왕수재, 먼저 도착하는 사람이 이기는 거야!

항저우에 그렇게 자전거가 많아요?

▶ 응. 항저우 사람들은 환경 보호를 위해 자전거를 많이 타. 자전거를 빌릴 수 있는 대여소만 2천여 곳이 넘지.

항저우 전망을 즐길 수 있는 **뇌봉탑**

저녁을 먹고 선생님이 꼭 들러야 할 곳이 있다며 우리를 이끄셨어.
5층짜리 탑인데, 탑 위로 올라가면 멋진 풍경을 볼 수 있대!
선생님의 말씀을 듣고 신나게 계단을 올랐어.
헉헉, 그런데 계단이 많은걸? 이마에 슬슬 땀방울이 맺힐 때쯤 꼭대기가 보였지!
내려다보니 시후와 저 멀리 빌딩이 가득한 시가지가 눈에 들어왔어.
이야, 정말 멋진데?

뇌봉탑
시후 근처에 있는 5층짜리 탑이야.
높이는 약 71미터 정도.
시후와 항저우 시내를 한눈에 볼 수 있는 곳이지.

저기 환하게 불이 들어온 곳이 항저우 중심지야. 멋있지?

와아~너무 아름다워요!

아까 우리가 다녀왔던 호수도 보이네요? 이름이 뭐랬지?

시후라고, 시후!

뇌봉탑은 누가, 언제 세웠어요? ▶ 뇌봉탑은 975년, 중국 황제가 아들을 낳은 걸 기념해 지은 탑이야.

용선생의 스페셜 가이드

차 없이는 못 사는 중국 사람들

중국 하면 역시 차! 중국인들은 아주 오래전부터 차를 즐겼어. 중국인들이 얼마나 차를 즐기는지, '중국인은 하루도 차 없이는 못 사는 민족'이라는 말도 있을 정도야. 그래서 오늘은 항저우의 이름난 찻집에 들러 언제부터 차를 즐겼는지, 그리고 어떤 차를 마시는지 물어보기로 했어. 자, 그럼 차에 대해 차근차근 하나씩 알아보도록 할까?

중국 사람들은 언제부터 차를 마셨을까?

약 5천 년 전부터 차를 마시기 시작했어. 전설에 따르면 농업의 신 '신농'이 100가지 풀을 맛보다가 그만 독이 든 풀을 먹었는데, 찻잎을 먹고 독을 해독했대. 그 이후 약으로 쓰이다가, 시간이 지나며 귀족들과 백성들 모두 즐겨 마시는 음료가 되었지.

중국 사람들이 차를 즐겨 마시는 이유는?

중국은 수질이 좋지 않아서 되도록 물을 끓여 마셔야 해. 그래서 자연스럽게 차를 즐기게 되었어. 기름을 많이 쓰는 중국 음식과도 궁합이 맞지. 차는 기름을 분해하는 역할을 하거든.

중국 사람들의 못 말리는 차 사랑

중국 사람들에게 차는 필수품이야. 집마다 차를 끓이는 도구와 찻잎을 반드시 갖추고 있고, 심지어는 멀리 집을 떠나서도 차를 마실 수 있도록 찻잎을 늘 들고 다니거든. 식당에서도 보통 손님에게 물이 아닌 차를 대접해.

중국에서 가장 유명한 차는?

200가지가 넘는 중국 차 중에서도 가장 독특하고 유명한 차는 '**푸얼차**'야. **우리나라에선 '보이차'로 알려졌지.** 푸얼차는 중국 서남 지역 '푸얼'에서 생산되는데, 원반처럼 둥글납작한 모양을 하고 있어. 단단하게 뭉쳐진 찻잎을 칼로 잘라내어 물에 우려내 마시지. 푸얼차는 오래 보관할수록 아주 깊은 맛을 낸대.

세계로 뻗어 나간 중국 차

중국의 차는 교역과 함께 세계 방방곡곡으로 퍼졌어. 우리나라와 일본은 물론 서양 사람들도 차를 즐겨 마셔. 그중에서도 중국 차에 가장 열광한 나라는 바로 '영국'이야. 영국 사람들은 하루에 서너 번씩 차 마시는 시간을 정해놓고 차를 마시거든.

숨은 인물 찾기

시후 구경을 마치고 다른 곳으로 가려는데, 아이들이 사라졌어!
아이들이 어디 있는지 찾아줘!

나선애, 상하이 꼭대기에 오르다!

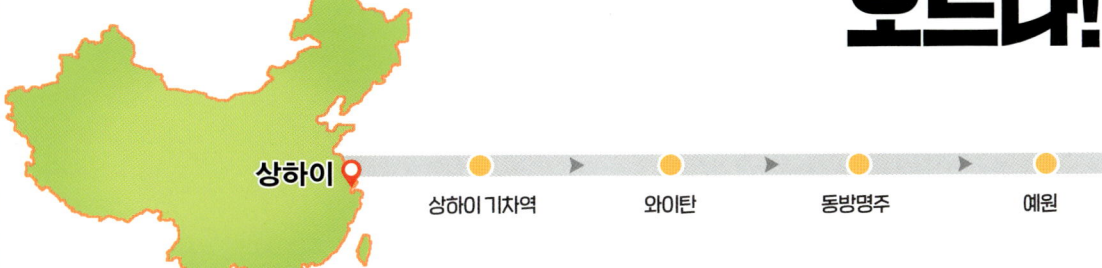

상하이 → 상하이 기차역 → 와이탄 → 동방명주 → 예원

중국에서 제일 큰 도시 **상하이**

기차를 타고 아침 일찍 상하이에 도착했어. 상하이는 중국의 경제 중심지이자, 중국에서 가장 큰 도시래. 그래서 그런지 역에는 사람이 엄청 많았어. 넓기는 어찌나 넓은지, 공항인 줄 알았다니까? 한참을 걸어 역을 나오니 빽빽하게 들어찬 높은 빌딩과 널찍한 도로, 양복을 입은 채 걸음을 서두르는 사람들이 눈에 들어왔지.

와, 상하이가 정말 크긴 하구나!

공항처럼 넓은 상하이 기차역

항저우에서 상하이까지 얼마나 걸려요?

▶ 중국 고속 열차인 까오티에를 타면 약 1시간 정도 걸려. 아주 가깝지.

유럽식 건물이 남아 있는 **와이탄**

먼저 간 곳은 바로 **와이탄**! **상하이의 예전 모습을 느낄 수 있는 곳**이래.

"와, 여긴 다 오래된 건물들만 있네?"

두기 말대로 와이탄에는 텔레비전에서나 볼 법한 오래된 건물이 죽 세워져 있었어.

마치 시계를 돌려 과거로 시간 여행을 온 듯했지.

게다가 모두 **유럽식 건물**인 것도 신기했어!

와이탄의 아름다운 야경

여기 완전 예쁘다~ 사진 찍으면 잘 나올 것 같아!

선생님, 와이탄에는 이런 유럽식 건물이 왜 있는 거예요?

중국이 아닌 것 같다!

와이탄은 옛날에 외국인이 모여 살던 곳이었어. 그래서 이런 건물들이 많이 남아 있지.

이곳에 왜 외국인이 살았었나요?

▶ 1800년대에 영국과의 아편 전쟁에서 진 중국은 영국, 프랑스 같은 서양 열강에게 상하이를 비롯해 여러 지역을 내주어야 했단다. 그래서 이런 유럽식 건물이 남게 된 거야.

📍 상하이의 상징 **동방명주**

와이탄 맞은편에 있는 동방명주에 왔어.

동방명주는 상하이를 상징하는 건물이래!

"와, 밑이 다 보여. 하늘 위를 걷는 것 같아!"

영심이가 신이 났는지 들뜬 채로 이리저리 돌아다녔어.

창밖을 보니 까마득하게 높은 빌딩이 셀 수 없이 늘어서 있었지.

저 건물들은 모두 증권 회사, 세계적인 대기업의 사무실과 은행들이래.

바닥이 훤히 보이는 동방명주 전망대

상하이에 얼마나 많은 사람이 살아요?

▶ 상하이 인구는 약 2,400만 명이야. 서울 인구의 약 2배 정도 되지. 수도 베이징의 인구는 약 2,100만 명 정도 된대.

상하이는 중국 최고의 도시야. 수도 베이징보다 인구도 많고 부자도 많다더라.
근데 상하이가 원래 이렇게 번쩍번쩍한 도시는 아니었나 봐.
백여 년 전에는 고기잡이배만 다니는 한적한 어촌이었대.
약 120년 전 항구를 개방하고부터, 점차 사람들이 모이면서
이렇게 발전한 거라고 하더라. 정말 놀라워!

500년의 세월을 간직한 정원

다음으로 도착한 곳은 바로 예원!

예원은 상하이 한복판에 있는 오래된 정원이래.

"와! 가도 가도 끝이 없는 게 무슨 궁전 같아요."

두기 말대로 예원은 몹시 거대했어. 아무래도 여기 주인이 엄청 부자였나 봐.

연못에는 내 팔뚝보다 큰 잉어들이 이리저리 헤엄을 치고 있었지.

연신 입을 뻐끔거리는 게 몹시 배가 고픈 것 같았어.

이것 봐라, 장하다 닮았는데?

예원

상하이에 있는 큰 정원이야. 만들어진 지는 약 500년 정도 되었는데, 이 정원을 만드는 데만 무려 20년이나 걸렸대.

어쩔 수가 없구나
하지만 난 너무 똑똑해
평범하게 살고 싶다
천재라 괴롭다

아이고~ 다리 아파라~

옛날 중국 부자들은 이렇게 커다란 정원을 만드는 게 자랑거리였단다.

"선생님! 여기 만두 하나 사주시면 안 돼요?"

장하다가 조르는 통에 선생님은 고개를 끄덕이며 지갑을 꺼내셨어.

근데 만두 가게 아저씨가 난감한 표정을 지으며 고개를 좌우로 젓는 거 있지?

알고 보니 요즘 중국은 주로 QR 코드*를 찍어서 전자 화폐로 결제한대.

* 크고 작은 여러 개의 사각형으로 이루어진 바코드야. 스마트폰으로 촬영하면 정보를 얻을 수 있지.

그걸 몰랐던 우리는 만두를 먹을 수 없었어. 먹고 싶었는데…. 아쉽다.

QR 코드로 계산하는 중국 상점

? 정말 중국 사람은 전자 화폐로 계산을 많이 하나요?

▶ 중국 사람들은 마트나 식당뿐 아니라 길거리 가게에서도 전자 화폐로 계산해. 심지어는 세뱃돈도 전자 화폐로 주고받을 정도지!

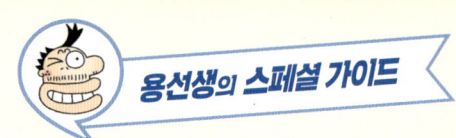 용선생의 스페셜 가이드

중국은 어떻게 강대국이 되었을까?

오늘날 중국은 세계 1, 2위를 다투는 경제 대국이야. 땅이 매우 넓고 사람도 아주 많아서 온갖 물건을 만들어 수출하거든. 얼마나 많은 물건을 만들어내는지, '세계의 공장'이라는 별명도 가지고 있을 정도지. 중국은 어떻게 세계를 주름잡는 강국이 된 걸까?

1 1949년, 중국은 굶주림에 시달리는 나라였어. 오랫동안 **계속된 전쟁** 때문에 나라는 엉망이었고, 여기에 야심 차게 진행한 경제 정책까지 실패로 돌아가면서 가난은 더욱 심해졌지.

2 굶주림과 가난이 계속되는 가운데, **'덩샤오핑'**이란 사람이 지도자가 되었어. 덩샤오핑은 이전까지 고집하던 제도를 뜯어고쳤어. 세계를 주름잡던 미국을 따라 나라의 문을 활짝 열고 경제를 발전시키기로 한 거야.

3 중국은 외국인이 드나들기 쉬운 바닷가의 도시들을 개방했어. 그리고 외국의 투자를 받아 경제를 발전시켰지.

4 **외국인의 투자**가 점점 늘면서 중국 경제는 크게 성장했어. 투자가 집중된 **상하이, 광저우, 선전** 같은 도시들은 중국을 넘어 세계적인 대도시가 되었지.

5 수십 년간 이어진 경제 성장으로 오늘날 중국은 **미국과 어깨를 나란히 하는 경제 대국**이 되었어. 최근 중국은 막강한 경제력을 바탕으로 국제 정치에서도 엄청난 영향력을 행사하고 있지.

스티커 붙이기

두기가 상하이를 둘러보고 여행 일기를 썼어!
설명을 잘 보고, 빈 부분에 알맞은 그림을 붙여 줄래?

오늘의 여행 일기

맛있게 점심을 먹고 동방명주에 올라갔다. 동방명주는 마치 붉은색 구슬을 막대로 꿴듯한 아주 특이한 모습을 하고 있었다.

스티커를 붙이세요.

와이탄에 갔다. 그동안 보았던 중국 전통 건물과 달리 고풍스러운 오래된 건물이 많았다. 사진을 찍었는데 아주 잘 나왔다.

스티커를 붙이세요.

해가 지기 전에 예원에 갔다. 엄청 큰 정원이었다. 정자에 앉아 연못을 내려다보았다. 엄청 커다란 물고기가 많았다.

스티커를 붙이세요.

곽두기, 물 위에 있는 마을을 찾아가다!

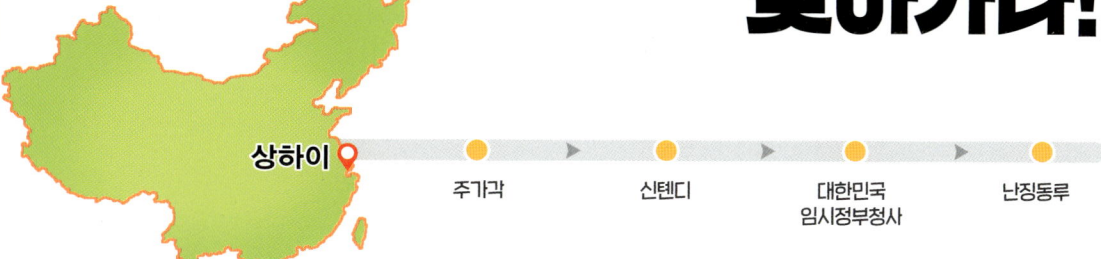

상하이 ▶ 주가각 ▶ 신톈디 ▶ 대한민국 임시정부청사 ▶ 난징동루

아름다운 강가의 마을 주가각

오늘은 평소보다 빨리 일어났어. 상하이 외곽에 있는 마을에 간다고 했거든.
1시간 정도 지하철을 타고 목적지에 도착했어. 이름은 주가각!
강가에 있는 마을인데, 무척이나 아름다워서 상하이에 오면 꼭 들러야 한대.
"와, 집들이 강 위에 떠 있어!"
하다 형의 말에 나도 입이 쩍 벌어졌어.
넘실거리는 강물 위로 오래된 건물들이 죽 들어서 있는 게
보였거든!

우리는 강을 오가는 작고 귀여운 배를 탔어. 여섯 명이나 되는데,
사공 아저씨… 힘드시겠지? 물길을 따라 마을 한 바퀴를 크게 돌았어.
예쁜 집들을 보느라 시간이 가는 줄도 몰랐지.
"풋, 장하다 여기서 조는 거 봐라."
하다 형, 수재 형이 간질이는데도 일어나질 않다니. 엄청 편안한가 보구나.

왜 물길 바로 앞에 마을이 만들어진 거예요?

▶ 주가각은 배를 이용한 교통의 중심지였거든. 이곳은 아주 오래전부터 배로 짐을 나르고 여행을 하는 사람들로 북적거렸단다.

프랑스 사람들이 살았던 신톈디

오후에는 택시를 타고 상하이 시내의 '신톈디'에 왔어.
특이한 건물들 속에 예쁘고 분위기 좋은 카페와 음식점이 줄지어 있었지.
"다들 아침부터 부지런히 움직이느라 힘들었으니까, 잠시 앉으렴."
헤헤, 선생님 최고! 주변을 둘러보니 멋지게 옷을 차려입은 사람이 많았어.
상하이에서 잘나가는 사람들은 다 이곳에 모이나 봐!

서양식 건물이 많은 신톈디

근데 건물을 보니까 여기도 중국 같아 보이지 않아요.

오래전 프랑스 사람들이 살던 곳이어서 그래.

여기 분위기 너~~~무 좋다!

저 아이스크림 하나 더 시켜도 돼요?

왜 프랑스 사람들이 많았어요?
▶ '신톈디'는 한때 프랑스의 조계 지역이었거든. 조계는 외국인이 자유롭게 거주하며 오고갈 수 있게 구역을 정해 준 걸 말해.

📍 상하이에 있는 **대한민국 임시정부청사**

근데 우리가 여기 온 이유가 있었어.

신톈디 맞은편에 일제 강점기*에 세워진 우리나라 임시정부청사가 있대!
* 일본이 우리나라를 강제로 점령하고 다스렸던 시기야.

"아니, 이렇게 좁은 골목에 있다고요?"

임시정부청사로 가는 골목은 비좁고 허름했어. 임시정부청사 건물도 마찬가지였지.

안으로 들어가니 독립에 목숨을 바쳤던 독립운동가들의 물건이 전시되어 있었지.

이렇게 먼 곳에서 독립을 위해 싸웠던 독립운동가들이 너무 존경스러웠어.

왜 상하이에 우리나라 임시정부가 있어요?
▶ 일본의 탄압을 피하기 위해서였어. 우리나라와 가깝기도 하고, 프랑스의 영향력이 강한 곳이라 일본이 함부로 할 수 없었거든.

📍 상하이 최대 번화가 **난징동루**

"여기는 바로 상하이 최대 번화가 난징동루야.
사람이 많으니까 소매치기를 조심하렴."
선생님의 주의에 가방을 질끈! 앞으로 동여맸어.
카메라를 잃어버리면 큰일이니까.
근데 참 이상하지, 이렇게 넓은 길가에 차가 한 대도 보이지 않는다니!
오로지 쇼핑을 즐기는 사람들로 가득하잖아?
"여기 난징동루에는 차가 다닐 수 없단다. 오로지 걸어다닐 수만 있지."
아하, 그래서 길에 사람들만 빼곡한 거였구나!

식당도 너무 많아서 어디를 가야 할지 모르겠네~!

얘들아, 길 잃어버리지 않게 조심해!

꺄~ 온갖 옷 가게가 다 있어!

아야! 앞 사람한테 발을 밟혔어요!

난징동루의 상징 'I ♥ SH' 간판 앞에서!

가면이 순식간에 바뀌는 변검

저녁은 특별한 곳에서 먹기로 했어. 저녁 시간에 멋있는 공연을 한다나?
한참 식사를 하는데 무섭게 생긴 가면을 쓴 사람이 **불쑥** 나타났어.
손으로 얼굴을 **쓱** 훑는데, 순식간에 가면이 바뀌지 뭐야?
우아, 무슨 마술이라도 부린 걸까? 정말 대단해!
수재 형은 다 속임수라며 어떻게든 비법을
알아내겠다고 야단이었어. 덕분에 요리는
고스란히 하다 형이 먹어 치웠지.
"수재 형, 오늘 밥 못 먹을 거 같은데?"

변검을 공연하는 배우들

가면을 어떻게 순식간에 바꿔요?

▶ '변검'은 쓰촨 지역에서 발달한 공연 예술이야. 순식간에 가면을 바꾸는 기술은 비밀이라서, 중국에서도 제대로 할 수 있는 사람이 매우 적대!

중국의 재미난 문화 알아보기!

땅이 넓고 사람도 많은 나라답게 중국에는 재미있는 문화가 아주 많아.
숫자를 세는 방법이 아주 독특하고,
발음에 따라 좋아하는 숫자와 싫어하는 숫자가 따로 있지.
신기하고 재미있는 중국 문화, 이 용선생이 한눈에 알기 쉽게 정리해 보았어!

1 중국의 독특한 숫자 표현

중국 사람들은 우리나라와 달리 한 손으로 숫자를 세. 중국 식당에서 주문하거나 시장에서 물건을 살 때 꽤 유용하다니까, 아래 그림을 보고 한번 연습해 볼까?

6부터 10까지는 한자를 본뜬 거란다.

1(一) 2(二) 3(三) 4(四) 5(五)

6(六) 7(七) 8(八) 9(九) 10(十) 10(十) 10(十)

Yong's tip

10을 세는 방법은 모두 세 가지! 지역마다 세는 방법이 다르지만, 가장 많이 쓰이는 방법은 주먹을 쥐는 거래.

2 중국 사람들이 좋아하는 숫자는?

중국 사람들이 좋아하는 숫자는 8과 9야. 중국어로 '8'은 '돈을 벌다'와 발음이 비슷하거든. '9'는 '영원'과 발음이 같아서 좋아하지.
또 '6'도 '일이 잘 풀린다'와 발음이 비슷하다고 좋아하는 사람이 많아.

제 미모가 영원하게 해 주세요~

시험 문제 잘 풀게 해 주세요!

3 중국 사람들이 싫어하는 숫자는?

그러면 중국 사람들이 싫어하는 숫자는 뭘까? 바로 4와 7이야. 중국어로 '4'는 '죽다'와 발음이 같아. '7'은 '화가 나다'의 '화'와 발음이 비슷하다고 싫어하지. 우리나라에선 행운의 숫자인 7이 중국에선 정반대라니, 정말 신기하지?

4 중국 사람들은 왜 빨간색을 좋아할까?

중국 사람들은 빨간색이 행운을 가져오고 사악한 귀신이나 기운을 몰아낸다고 믿는대. 그래서 설날에는 세뱃돈을 빨간 봉투에 넣어서 주고, 대문을 빨간색으로 칠한다고 해. 심지어는 특별한 날에 속옷을 빨간색으로 입기도 한다니, 중국 사람들의 빨간색 사랑이 대단하지?

---

1 상인이 손으로 숫자를 세고 있어. 그림을 잘 보고 무슨 숫자인지 알려줘!

( ) ( ) ( )

2 중국 사람들이 좋아하는 숫자가 아닌 것은?

① 8　　② 9　　③ 7　　④ 6

3 중국 사람들이 빨간색을 좋아하는 이유는?

① 가장 예쁘고 멋진 색이라고 생각해서
② 사악한 기운을 몰아내고 행운을 가져다 준다고 생각해서
③ 식욕을 돋우어 주는 색이라고 생각해서
④ 별 이유 없이 오래 전부터 좋아하던 색이라서

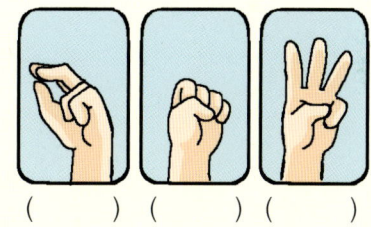

 1. 7, 10, 3　2. ③　3. ②

알맞은 가게 찾기

난징동루에서 용선생과 아이들이 물건을 사려 해.
아래 쇼핑 목록을 잘 보고, 가야 하는 가게에 동그라미를 해줘!

《용쌤과 아이들의 쇼핑목록》

- 상하이의 상징 'I ♥ SH'가 새겨진 **티셔츠**를 사고 싶어!
- 어제 먹은 **만두** 또 먹으러 가면 안 되나?
- 훗, 나 같은 천재에게 잘 어울리는 **안경**을 장만하고 싶은데 말이지.
- 아이들에게 **사탕** 하나씩 나눠주고 싶은데….

허영심, 홍콩을 한눈에 내려다보다!

홍콩 공항 ▸ 빅토리아 피크 ▸ 미드 레벨 에스컬레이터 ▸ 침사추이

중국의 특별 구역

중국에서 보내는 마지막 날! 우린 지금 홍콩에 와 있어.

"곧 입국 심사를 받아야 해. 모두 여권 잘 챙겼지?"

어라, 선생님! 똑같은 중국인데 왜 입국 심사를 받아요?

우리의 어리둥절한 표정에 선생님이 차근차근 설명을 시작하셨어.

홍콩은 중국 땅이지만, 중국 정부가 다스리지 않는대.

중국과 달리 선거도 할 수 있고, 정부도 따로 있는 특별 구역이라나?

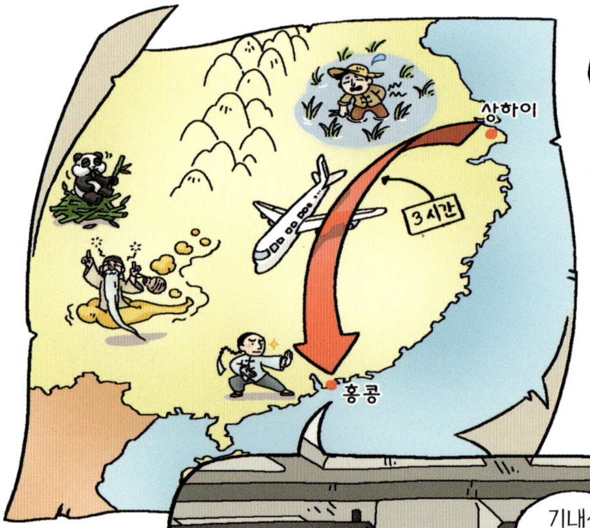

공식 명칭: 중화인민공화국 홍콩특별행정구
면적: 1,106제곱킬로미터
인구: 753만 명(2024년 기준)
공용어: 영어, 중국어(광둥어)

 홍콩은 왜 특별 구역이 되었나요?

▶ 사실 홍콩은 150년 넘게 영국의 지배를 받았어. 그동안 중국과는 다른 제도와 문화가 많이 자리 잡았지. 그래서 중국 땅이 된 이후로도 특별히 관리하고 있단다.

📍 **영국**의 영향을 많이 받은 홍콩

홍콩의 이층 버스와 트램

공항을 빠져나와 홍콩 중심지로 향했어.

그런데 신기한 게, 한자 못지않게 영어 안내문도 많이 보인다는 거야.

선생님께 여쭈어보니 홍콩이 한때 영국의 지배를 받아서 그렇대.

중국이 영국과의 전쟁에서 지는 바람에 150년 동안이나 영국의 지배를 받은 거래. 헐! 그래서 홍콩도 영국처럼 영어를 쓴다지 뭐야.

이층 버스도 원래 영국에서 다니던 거라지?

그럼 홍콩은 영어만 써요?

▶ 홍콩에서는 중국어 방언인 '광둥어'가 널리 쓰여. 그런데 광둥어는 중국 남부에서 널리 쓰이는 말로, 발음이나 문법이 북부의 중국어와는 상당히 달라.

 ## 홍콩이 한눈에 보이는 빅토리아 피크

이번에는 버스를 탔어. 버스는 울퉁불퉁한 언덕을 올라 높은 곳으로 향했지.
"지금 빅토리아 피크에 가고 있어. 홍콩을 한눈에 내려다볼 수 있는 곳이지."
우리는 버스에서 내려 산 위를 오르는 피크 트램으로 갈아타고 한참이나 높이 올라갔어. 그렇게 마침내 도착한 빅토리아 피크!
고층 빌딩과 시원한 바다가 어우러진 전망이 우리를 반기고 있었지.
"빅토리아 피크는 지대가 높아서 전망도 좋고 기후도 비교적 시원한 편이라, 옛날부터 지금까지 부유한 사람들이 많이 산단다."

빅토리아 피크로 향하는 피크 트램

빅토리아 피크에서 내려와 점심을 먹으러 식당에 들어갔어.

근데 엄청 낡고 좁은 식당이지 뭐야?

음식이라고 해봐야 잼을 바른 토스트와 밀크티뿐이었어.

밀크티는 홍차에 우유를 넣어 마시는 영국식 차야.

홍콩 사람들은 영국의 영향으로 밀크티를 즐겨 마신대.

"우물우물- 와, 완전 맛있어!"

허름한 음식점이라서 맛이라곤 하나도 없을 줄 알았는데, 정말 맛있는걸?

홍콩 사람들이 즐겨 마시는 밀크티

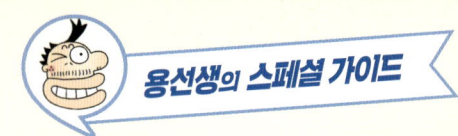

유럽의 흔적이 남은 중국의 도시들

중국에는 홍콩이나 상하이처럼 유럽의 흔적이 남은 곳이 많아.
옛날에 중국이 여러 유럽 나라에게 강제로 빼앗긴 땅이 많아서 그래.
지금은 모두 중국 땅이지만, 이때 유럽인이 남긴 흔적은 고스란히 남아 있지.
그러면 유럽의 흔적이 남은 중국의 도시들을 하나하나 살펴보도록 할까?

상하이

상하이는 중국에서도 유럽인이 가장 많이 드나들던 곳이야. 특히 유럽인이 가장 많았던 곳이 바로 유럽식 건물이 모여 있는 **와이탄**과 **신톈디** 같은 곳이란다.

칭다오

칭다오는 산둥반도에 있는 항구 도시야. 원래는 한가한 어촌이었지만 독일의 지배를 받으며 큰 도시로 성장했지. 칭다오의 자랑 '**칭다오 맥주**'는 바로 **독일의 영향**으로 탄생한 특산물이란다!

광저우

광저우는 **중국을 대표하는 무역 도시**야. 오래전부터 외국의 배가 드나드는 창구였지. 그래서 광저우에 터를 잡은 외국인도 많았어. 광저우의 **'샤멘다오'**에는 유럽인이 지은 건물이 아직 많이 남아 있어서 '중국의 작은 유럽'이라 불리지.

텐진

텐진은 베이징 인근에 있는 **항구 도시**야. 수도인 베이징과 가까운 만큼, 이곳에도 외국인이 많이 살았어. 특히 **영국인과 프랑스인**이 많았는데, 이들이 지은 건물은 텐진 중심부 **'허핑구'**에 특히 많이 남아 있대.

마카오

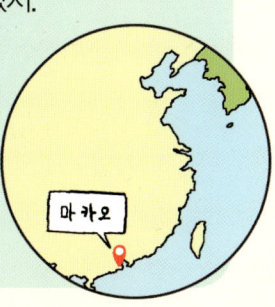

마카오는 포르투갈의 지배를 받았어. 약 500년 전부터 유럽과 중국을 오가는 **포르투갈 배가 머무르는 항구**였지. 그 덕분에 이곳 마카오에서는 포르투갈어가 잘 통한다지? 또, 포르투갈의 영향으로 '에그타르트'라는 디저트를 즐겨 먹는대.

121

숨은 단어 찾기

재밌었던 중국 여행도 이젠 끝!
그동안 여행하며 알게 된 단어가 아래에 숨겨져 있어.
모두 합쳐서 10개라는데, 함께 찾아보도록 할까?

중	베	중	시	한	도	진	물	키	베
상	상	남	자	금	성	드	시	드	궁
리	하	건	강	베	여	대	시	황	제
베	이	징	베	긴	행	마	지	유	제
만	럽	쯔	성	유	베	양	쯔	강	표
베	장	판	다	명	하	크	쯔	텐	진
동	다	칭	양	이	광	충	양	홍	우
방	람	베	저	콩	콘	저	베	콩	마
명	초	만	리	장	성	동	세	베	강
주	콩	옛	징	베	황	방	충	워	카
베	개	아	마	오	쩌	둥	홍	칭	오
소	방	날	계	중	국	어	베	이	둥

❶ 중국의 수도는?
❷ 베이징의 대표적인 문화재야. 옛날 중국 황제들이 살던 거대한 궁전이지.
❸ 중국을 최초로 통일하고 황제가 된 사람이야.
❹ 중국을 대표하는 동물이야. 대나무를 매우 좋아한대!
❺ 중국에서 가장 긴 강이야.
❻ 중국 공산당을 만들고 이끈 사람이야. 오늘날의 중국인 중화인민공화국을 세웠지.
❼ 상하이를 대표하는 건물이야. 붉은 구슬을 막대로 꿴듯한 모양이 인상적이지.
❽ 중국 남쪽 끝에 있는 대도시. 영국의 지배를 받은 적이 있어서 영어를 쓴대.
❾ 유목민의 침입을 막기 위해 쌓은 아주 긴 성벽이야.
❿ 양쯔강 중류에 있는 대도시. 40도를 넘나드는 무더위로 유명하지.

안녕~ 중국!

여행은 즐거웠니?
여행하며 배운 내용을 다시 한번 확인해 볼까?

퀴즈로 정리하는 중국

중국 땅은 어떻게 생겼을까?  지리

다음 문장을 읽고, 알맞은 답을 골라 보자.

1 중국은 북쪽으로 (   ), 러시아와 국경을 접하고 있어.
   ① 인도   ② 몽골   ③ 일본

2 (   )은 황허강 물줄기가 지나는 평원에 위치한 도시야. 중국의 옛 수도이기도 했지.
   ① 시안   ② 청두   ③ 광저우

3 (   )은 중국 땅이지만, 정부가 따로 있는 특별 구역이야.
   ① 리장   ② 충칭   ③ 홍콩

 역사 중국은 어떤 역사를 가지고 있을까?

보기 에서 알맞은 단어를 찾아 빈칸에 써 보자!

보기 자금성, 비단길, 만리장성, 임시정부청사, 대안탑, 난징, 영국, 황허

4 중국은 세계 주요 문명으로 손꼽히는 (   ) 문명이 탄생한 곳이야.

5 (   )은 당나라의 현장 스님이 인도에서 불교를 공부하고 가져온 불경과 불상을 보관하기 위해 만들어진 탑이야.

6 상하이에는 일제 강점기에 세워진 우리나라 (   )가 있어.

7 (   )은 동서양의 교역로였어. 한나라 시절 장건이 개척했지.

124

문화 — 중국 사람들은 어떤 모습으로 살아갈까?

다음 문장을 읽고 옳은 것에는 O, 틀린 것에는 X에 동그라미 쳐 보자.

8 경극은 중국 전통 연극이야. 주로 중국 역사나 옛날 책에 나오는 유명한 이야기를 다루지. (O , X)

9 중국에는 '한족'이라는 민족만 살아. (O , X)

10 중국 사람들은 차를 즐겨 마셔. (O , X)

경제 — 중국은 어떤 산업이 발달했을까?

중국 경제에 대한 설명을 읽고, 알맞은 단어에 동그라미 쳐 보자.

11 (청두 / 상하이)는 중국 최대 도시이자, 경제 중심지야. 베이징과 더불어 중국을 대표하는 곳이지.

12 (덩샤오핑 / 마오쩌둥)은 중국 경제 발전을 위해 제도를 뜯어고치고 나라의 문을 활짝 열었어.

정답

1일

2일

3일
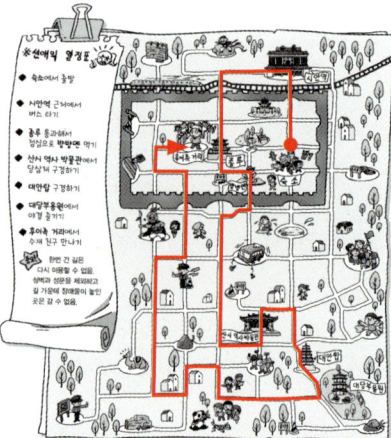

4일

5일

6일

7일

8일
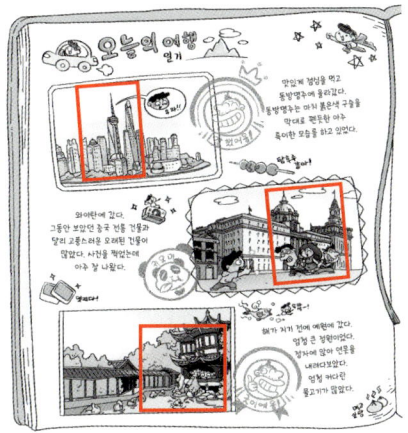

9일

10일

나도 곳곳에 숨어 있었는데, 찾았니? 몰랐다면 다시 한번 살펴봐~

퀴즈로 정리하는 중국 <정답>

1 ②	2 ①	3 ③	4 황허
5 대안탑	6 임시정부청사	7 비단길	8 O
9 X	10 O	11 상하이	12 덩샤오핑

〈사진 제공〉

[셔터스톡] Paul J Martin, Jono Photography, i viewfinder, Munzir Rosdi, Ungvari Attila, peacefoo, Efired, Daily Travel Photos, Thampitakkull Jakkree, Apik, testing, Keitma, Kanchana P, asiastock, QinJin, NGCHIYUI, maoyunping, StreetVJ, Nikolay Antonov, CHO MINJUN, Sanga Park, Chamelons Eye, Avigator Fortuner, mary414, windmoon, joyfull, Thanida Siritan, monticello, Thewaylsee, Thanakorn.P, witaya ratanasirikulchai / [위키피디아] Zhang Zhenshi, Clay Gilliand, Gisling, David Proffer, Bairuilong, wit, Craig Nagy, gigijin, alpha, goosmurf, jérôme, Morio, B−cool, yeung ming, Difference engine / 전명윤

※ 퍼블릭 도메인은 따로 표기하지 않았습니다.

용선생이 간다 : 중국
세계 문화 여행 ①

1쇄 발행 2020년 9월 1일
6쇄 발행 2025년 1월 24일

글 사회평론 역사연구소
그림 김지희, 전성연
자문 및 감수 전명윤
캐릭터 이우일
어린이사업본부 이승필
편집 송용운, 김언진, 오영인, 김형겸, 윤선아
마케팅 윤영채, 정하연, 안은지, 박찬수
경영지원 나연희, 주광근, 오민정, 정민희, 김수아, 김승현
디자인 박효영
조판 디자인 최한나

펴낸이 윤철호
펴낸곳 ㈜사회평론
전화 02-326-1182
팩스 02-326-1626
주소 03993 서울시 마포구 월드컵북로6길 56 사평빌딩
용선생 클래스 yongclass.com
출판등록 1993년 10월 6일 제10-876호

ⓒ 사회평론, 2020

ISBN 979-11-6273-120-8 77900

* 이 책 내용의 일부나 전부를 다시 사용하려면 저작권자와 사회평론의 동의를 받아야 합니다.
* 잘못 만들어진 책은 구입하신 곳에서 바꾸어 드립니다.

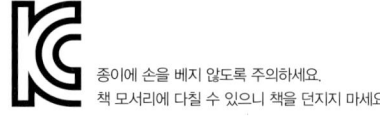

종이에 손을 베지 않도록 주의하세요.
책 모서리에 다칠 수 있으니 책을 던지지 마세요.